人間は
大きく分けて
36種類ある？

佐久川 海

東京図書出版

はじめに

世の中にはいろいろな学問が有りますが、人間関係学という体系化された学問が少ないのではないでしょうか？

人は社会の中で生きていく以上は人間関係というものがとても重要なことですが、それについて学ぶことは何よりも大切なことだと思うのです。人はそれぞれ個人の人間関係の体験で、ある時は人をだましたり、だまされたり、ある時は知らず知らずのうちに人を傷つけたり、時には信頼している人に裏切られて手痛い目にあったりしながら関係づくりをすこしずつ学びながら生きているのではないでしょうか。

そういうことを考えると人間関係学というものがなぜ少ないのか不思議に思います。あるいは私の認識不足で実際はあるのかも知りませんが？

私は長年会社勤めを果たし、組織の中でいろいろな人間関係を体験し学ばせていただきました。長い間には人に使われる立場、人を使う立場を経験して参りました。私が人間関係学を論じるのは誠におこがましいことだということはよく判っています。なぜなら長い人生のあいだには人を傷つけたであろう言動、あるいは穴があったら入りたいような恥ずかしい体験など、あとから考えて大いに反省すべきことがたくさん有るからです。そしてまだまだ私も勉強段階にあるからです。そしてこの本に書くことは人間関係のごくごく一部のことで集大成などという大それたものではありません。私が思いつくまま書き綴っただけのものです。人間関係学として体系化していくにはもっともっと事細かな多くの事例を挙げながら作っていかなければなりません。それは後進の努力に期待したいと思います。私はこの本がこれから社会に出て行こうとしている若い人たちにほんの少しでもお役にたてればと思っています。

第一篇は人の血液型を基調とした人間の種類と人間関係についての私の個人的考察。第二篇は職場等での人間関係についてこれから社会に出て働こうとしている新入社員や若いビジネスマンに是非お伝えしたい「気配りの心」。第三篇は立法・司法・行政へのお願いについて述べたいと思います。願わくばどれかひとつでも私の提言がいずれ政策に取り入れていただければという思いを込めて書きました。

人間は大きく分けて36種類ある？◇目次

第一篇　人間の種類と血液型

私が最近になって思っている事なのですが、人間には種類が有るのではないでしょうか。

性格が違うという表現よりもっと厳密に区分けされているような気がします。犬や猿にも種類があり同じ猿でもゴリラやチンパンジー、オランウータン、マントヒヒ、ニホンザルなど何種類もいてそれぞれ性格が全く異なります。ただ人間の場合は外見が全く同じで（世界的人種の違いは有りますが）しかも同じ両親から全く違う種類の人間が生まれることもあるという事です。

猿の集団を見ていると、なにかにつけてすぐけんかや争いのおこる種類（マントヒヒなど）と、争いなど比較的少ないチンパンジー、オランウータンなどの種類もいます。犬もそうです。スピッツのような性格の犬を盲導犬に仕込むのはとても無理な話です。体格の違いは別にしても、人間にも種類が有ると考えれば人間関係の悩み事など対処しやすいように思います。

私はよく思うのですが、ラジオの『テレフォン人生相談』という番組がありますがあれは全くナンセンスだと思います。たまには良い助言になることもあるでしょうが、まったく逆の助言になることもあると思います。だいぶ以前の相談番組でしたが、ある母親が不登校や家庭内暴力の子供の相談をしておりました。相談員の先生は「学校に行かせることを無理強いしてはいけません。決しておこってはいけません」とか「息子さんは今とても苦しんでいるのです。しばらくはしたいようにさせてください」とかいいますが、それをいいことにますます図に乗る種類の人間もいると思います。息子はそういう両親に対してますます暴力が激しくなり両親はついに思い余って、ある夜息子が寝ているときに二人して息子を殺害するという痛ましい事件がありました。人間にはあたまからガンと厳しくしないときかない種類の人と、少しおだやかに言ったほうが良い種類の人がいます。また夫婦間の問題の相談もありますが、自分の夫に関する相談など、たとえば、たとえばですよ、「あなたのご主人はなんの種類ですか。チンパンジーですかそれともヒヒですか？」（はい。ヒヒの種類です）「それでは今日はヒヒの○○先生がお見えになっていますので替わりましょう」という形であれば良いと思うのですが……。

これは全く不謹慎なたとえかもしれませんが、私が言いたいのは特定の相談員の先生の主観だけで助言などするのは危険だということです。

私は、かつて血液型と性格の研究をされて本を書かれた能見正比古先生をとても尊敬していますが、人間の種類についての研究は後進の研究者を待ちたいと思います。ただこの研究が大いに進んで、人間の種類というものがはっきり区分けされてよいものだろうかという疑問はあります。そしてそれは神の分野に踏み込むような観があり、ためらう面もあります。社会的に認知される学問ではなく興味ある方がひそかに研究することかもしれません。

ためしにフリー百科事典Wikipediaでヒトを調べましたらヒト科は、哺乳類サル目（霊長類）の分類群のひとつ、ヒト亜科（ヒト属、チンパンジー属、ゴリラ属を含む）

とオランウータン亜科で構成される。現生のヒトと類人猿は形態学的には比較的簡単に区別がつくが、DNAの塩基配列では極めて似ており早期の猿人の化石も類人猿とヒトとの中間的な形態をしているため、線引き・区別をするための点は明らかではない。また外見などの形質も地域に特化した結果（コーカソイド・モンゴロイド・ネグロイド）と形容されるグループに分類される。しかし全ての人種間で完全な交配が可能であり全てヒトという同一種である。

となっております。従って私が言う「人間には種類がある」という表現は学問的には正しい表現ではないという事はよくわかっていますが、この本ではあえて種類という表現をさせていただきたいと思います。そしてこの分野にもっと深く分け入ってみても良いような気がします。

話は変わりますが、昭和60年代？本屋さんを見ても能見先生の書かれた血液型の本が意外に少なく、代わりに別な方によって書かれたものが大いに出回っていました。私も、後日、本屋さんで拾い読みをしましたが、特定の血液型に対して驚くべき独断と偏見でもって書かれていました。能見先生は自分の本の盗作を指摘し抗議し、その方は盗作を認め、謝罪してきたとの事ですが、その後わずか1年ぐらいの間に盗作本を8〜9冊も出版して先生を不快にさせたようです。先生のように地道な調査と研究を積み重ねていけば1年間でそんなにたくさん出版できるはずがありません。単なる盗作ならまだしも特定の血液型に対して独断と偏見を加えて書いていたために、先生の方に質問がたくさん来て真面目な読者が彼の本から迷惑を受けていることを知ったとのことです。その方の本を読んだ方々が偏見を植え付けられたりあるいはどうも現実とは違うぞと不信感を持ち、血液型と性格なんて信じないという人がかなりおられました。私はそのようなことをなにも知らないで、たまたま買った本が能見先生の本で本当によかったと思っています。能見先生の本は地道な調査と研究でその成果を著わしたもので、しかも全ての型の人に対して愛情に満ちていました。先生の本との出合いが、私のその後の人間観を変え、大いに役立ったように思います。

ところで人間の種類はひとつの人種で何種類ぐらい有るものでしょうか。

私は血液型と人間の種類は大いに関係があると思っているほうですが、私が調べたところ南米のペルー、ブラジルはO型が、ほぼ100%に近いという事です。そう考えると血液型と人間の種類は大いに関係があるのではないでしょうか。しかし、A・O・B・ABの4種類だけで人間の種類を分けようとすると大いに疑問があります。たとえば同じA型の人でも少し違う性格の人もいます。私の感じでは大きく分けて4種類、その亜種まで入れて数十種類ぐらいか或いはそれ以上と考えています。

O型は殆どの血液型に献血できるという事から考えて、血液における原水のようなものではないかと思っています。

能見先生はその著書の中で次のように述べています。

「血液型の違いとは体の中に化学的性質の違う化学物質が含まれるということなのである。

すなわち体を作っている材料の材質を示すのが血液型なのである」

これを見ると血液型の違いが明らかに性格の違いに現れるというのは当然という気がします。

血液型による性格の違いについて語ると、人によってはあんなもの絶対に合っていないし信じていないという人が結構います。また科学的根拠があるとは認めておらず、一部で差別や偏見を生んでしまう危険性があると指摘する学者もいます。しかしそれは血液型による性格をただ単にA（日本人全体の約38％）、O（約31％）、B（約22％）、AB（約9％）の4種類だけだと思い違いしているからだと思います。

人間は何千年も混血を繰り返しながら今日まで生き延びてきました。A・O・B・ABの4型だけの単純な性格であるはずがありません。能見先生は同じ血液型でもその違いや印象をいくつか具体例を挙げながら区分けして述べておられます。能見先生は残念ながら、56歳という若さで亡くなられましたが、もっと長生きされてこの分野の研究を続けて欲しかったと思っています。また先生の息子さんの能見俊賢氏も先生の後を継いで同じ研究をされ、本もいくつか出版されましたが残念ながらお父様と同じように57歳という若さで世を去りました。本当に残念です。後進の方がこの分野の研究を引き継いでいかれて大きな成果を上げられることを期待したいと思います。

○血液型の違いはどのようにして出来たのか

まず世界的な血液型の分布を見てみましょう（「恋愛と人間関係」2013〜2020サイトより引用）。

日本	A型 38%	O型 31%	B型 22%	AB型 9%
ノルウェー	A型 49%	O型 39%	B型 8%	AB型 4%
イギリス	A型 42%	O型 47%	B型 8%	AB型 3%
イラン	A型 25%	O型 31%	B型 34%	AB型 10%
モンゴル	A型 22%	O型 37%	B型 34%	AB型 7%
タイ	A型 22%	O型 39%	B型 33%	AB型 6%
ナイジェリア	A型 21%	O型 52%	B型 23%	AB型 4%
ケニア	A型 26%	O型 49%	B型 22%	AB型 3%
メキシコ	A型 11%	O型 84%	B型 4%	AB型 1%

ボリビア　　　　Ａ型　５％　Ｏ型　93％　Ｂ型　２％　ＡＢ型　０％
ペルーとブラジル　Ａ型　０％　Ｏ型　１００％　Ｂ型　０％　ＡＢ型　０％

このように見ますと世界的にはＯ型が最も多く次にＡ型、Ｂ型、ＡＢ型の順番になっています。

アフリカは人類発祥の地と言われておりますが、南米にもＯ型単一民族があることから南米も人類発祥の地の一つかもしれません。そうだとすれば人々はそこから世界各地に広がってゆき地域に特化した血液型になったのでしょうか。それも何千年いや何億年もかかって。寒いところでは生きていくために人間の神経も研ぎ澄まされいろいろ配慮しなければならないという事からＡ型的人間が生まれてきた。また暖かいところに住み着いた人達或いは海に面した地域の人達は比較的食糧に恵まれのんびりとしたＢ型的人間が生まれたと解釈できます。南米やアフリカ奥地は外部からの人間との交流が比較的遅かったことからＯ型人間が多いのかもしれません。地域に特化したとは気候のほかに食べ物の事情もあります。穀物を主にしてきた民族と肉食を主とした民族では当然体質も違ってきます。

野菜をほとんど食べなければ性質が荒々しくなるという研究発表を読んだことがあります。近代になり食料事情が格段に良くなった日本でも、わずかここ100年の間に平均身長がだいぶ伸びたのではないかと想像がつきます。

そして近世になって世界各地に人間が簡単に行けるような時代になり、混血を繰り返しながら今日の血液型分布になったのではないでしょうか。


私は長年会社勤めをし、若いうちには1〜2回の転職をしましたが最終的には62歳の退職まで勤め上げてきました。民間企業で非常に厳しいビジネス界に身をおいて頑張ってきましたのでいろいろなタイプの方々を見てまいりました。私は若いうちから血液型と性格の関連性に興味を持っておりましたので、いつもそういう視点から人を見ていたような気がします。しかし同じ血液型でもどうも違うなという事は常に感じておりました。しかし私は血液型と性格の関係を一度だって否定的に考えたことはありません。そして私が行きついた結論、それはその人の両親や祖父母の血液型までさかのぼって考えてみる必要があるという事です。例えば父親がO型で母親がA型だとします。その子供はA型だとしますと半分はA型の性格を受け継ぎますが、あとの半分または3分の1～4分の1は父親のO型を主体として両方の祖父母の血液型が影響するのではないかという事です。

そう考えると同じ血液型A型でもいくつかの違うタイプの人がいるという疑問は納得できます。しかし基本血液型はA型と歴然と区別されていますのでそれは基本性格としてしっかり持っているのです。

そこで私は血液型から人間の分類を左の図のように区分けしてみました。

	A	型	系
1	A	A	A
2	A	A	B
3	A	A	O
4	A	B	A
5	A	B	B
6	A	B	O
7	A	O	A
8	A	O	B
9	A	O	O

	AB型系		
1	AB	AB	AB
2	AB	AB	A
3	AB	AB	B
4	AB	AB	O
5	AB	A	A
6	AB	A	B
7	AB	B	O
8	AB	B	A
9	AB	B	B

	O型系		
1	O	O	O
2	O	O	A
3	O	O	B
4	O	A	O
5	O	A	A
6	O	A	B
7	O	B	O
8	O	B	A
9	O	B	B

	B型系		
1	B	B	B
2	B	B	A
3	B	B	O
4	B	A	B
5	B	A	A
6	B	A	O
7	B	O	B
8	B	O	A
9	B	O	O

右の図でたとえばA型系の場合最初に出てくるAが基本種を表しています。２番目に出てくるA、またはB・Oは濃さの順番を表しています。

たとえばA・A・Aは純粋に近いA型系の人でA型の個性の強さがはっきり出ているように思います。次にA・A・Bは若干のB型系が入っていることを表しています。A・A・Oは若干のO型系が入っていることを表しています。このような考えからいくとたとえば、A・B・Bの場合は基本はA型系であるがB型系の要素が色濃く入っていることを意味します。またA・B・Aのように最後に出てくるAは祖父母などの遺伝子を受け継いで少し違うAだと思います。

このように考えると人間の種類は大きく分けて36種類？あるのかなと思いますがこれは素人の私の単純な考えかもしれません。

○人間の種類による性格の考察

初めにお断りしておきますが、私は人間の種類や血液型に関して専門に研究してきたのではありません。能見先生の本を読んでそれをもとに自分なりに感じた事を書こうとしています。

種類による性格や思考パターンや行動は歴然としたものがあるとは思いますが、その人の育った環境、受けた教育、あるいは経験によって多少の違いは出てくると思います。

私が感じた印象、ただしここでは平均的なA型系、B型系、O型系、AB型系について述べたいと思います。後の種類についてはそれが強いか弱いかで判断していただければよろしいかと思います。なおA・A・A型系、B・B・B型系、O・O・O型系などのように他の要素があまり入っていない種類のものは、私が思いますには個性がつよすぎる傾向にあるように思われます。

ここであえて何々型と特定せずに何々系とするのは同じ血液型でも何種類かあると思うからです。一般的であって、もちろん例外の亜種も少なからずあります。

A型系の一般的性格

○利点と思われる面

社会のルール、慣習を重んじ、折り目正しい。

人当たりが良く相手に対する気遣いがある。

生真面目。

○欠点?と思われる面

他人に厳しく人間関係に疲れやすい。

堅物。保守的で日常生活の変化をきらう。

ソトヅラが良い。

B型系の一般的性格

○**利点と思われる面**

物事にこだわらず型にはまらない。

自分を飾らず発想が自由奔放である。

細心にして大胆。

ユーモアがある。

○**欠点？と思われる面**

マイペースで他人への配慮が足りない言動がある。

知らず知らずのうちに人を傷つけてしまう事がある。

決断力に欠け優柔不断である。

O型系の一般的性格

○**利点と思われる面**

決断力があり目的のためには全力をつくす。

物事の本質を見極めるのがうまい。

身内や仲間意識が強い。

○**欠点？と思われる面**

目的達成のためには強引である。

細かい配慮は苦手。

目立ちたがり。

ＡＢ型系の基本性格

ＡＢ型系に関しては日本人全体の約９％という事で数が少ないため私もあまりよく分かりませんが、人によってＡ型系の性格とＢ型系の性格のどちらかが強くあらわれているような気がします。私が今まで出会った数少ないＡＢ型系の人達にはＡ型系的性格の人とＢ型系的性格の人が二通り有りました。Ｏ型系的要素の人は大変少なかったように思います。ただ女性の場合はなぜか結婚もせず或いは離婚して子供を抱え再婚もせず、力強く生きておられる方が幾人かおられました。ＡＢ型系は一言では言えないいろいろな側面を持っておられるのではないでしょうか。

○利点と思われる面

社会常識や、ルールを守る。
合理的現実的安定を好む。
サービス精神大いにあり、お人よし。

○欠点？と思われる面

良く言えばクール。
悪く言えば人情味に欠ける？
型にはまったことは苦手である。
冗談が通じない事がある。

次にＡ型系、Ｂ型系、Ｏ型系の原型と思われるＡＡＡ種、ＢＢＢ種、ＯＯＯ種について私が思っていることを述べてみたいと思います。欠点と思われる面だけを挙げてみました。

ＡＡＡ種

プライドに敏感。
あれもこれも同時には出来ない。

企業内にあっては部下に手厳しい。
家庭内にあっては外で気を遣って帰るせいか口うるさい。

BBB種

性格は大雑把。
他人に対する気遣い、配慮にかける。
行き詰まると他人の迷惑を考えず何もかも投げ出す。
家庭を顧みず拘束される事を嫌う。

OOO種

細かく考える事は苦手。
直情径行型。

性格が荒い。

激高すると乱暴なふるまい。

お断りしておきますが、混血が進んだ今日ではこのタイプは非常に少ないと思います。２代、３代、４代と同じタイプが結婚すれば別ですが……。

そういえば昔から同種（血縁）の人との結婚を繰り返すのはあまり良くない、違う血が入った方が優秀な子ができるという言い伝えがあったような気がしますがこれも関係があるのでしょうか？

ところで血液型における基本気質とは何でしょうか。私のたとえばなしですが、魚を例にとって言えば、刺身にして食べるなど生の魚、これがO型。焼かれたり叩きに料理されたもの、これがA型。煮つけなどに料理されたもの、これがB型。そしてAB型はさしずめ南蛮漬けに料理されたものでしょうか。

刺身もワサビをつけたり醤油も甘口、辛口等いろいろ食べ方はあります。魚も生で食べるより焼く事によって一段とおいしくなるものもあります。

煮つけもまたいろいろな食材、調味料を加える事によってうま味が加わってきます。南蛮漬けも小麦粉をまぶしたり酢やガーリックを加えたり様々な調味料を加えたりして味も多彩になります。

つまり同じ魚でも生の魚、焼魚、煮つけなどによって味が違います。これが基本気質の違いというものではないでしょうか。そしてこれは料理の仕方によって味が全く違ってきます。そしてこの基本気質というものはその人の生まれ育った環境、あるいは社会人になってからの人間関係などから学んで、習得していきながら徐々に変化していくものだと思います。おそらく人によっては一生、成長、変化していくものではないでしょうか。あまり成長しない人もいますけど……。

これらのことは能見先生の血液型による性格判断などの書物を読んでなるほどと私なりに感じた事を列挙しました。

ここで私が実際に出会った人達でそれぞれの血液型別に感じた事を思いつくままに

書いてみたいと思います。何々さんほかとしましたのは同じ型系でも少し違う性格の人がいたという事です。

A型系のXさんほか

頭脳明晰で頭も切れる。

ビジネスにおいては万事そつがなく人当たりも良い。

人に対する思いやりの心がある。

プライドは強く、言葉に窮して嘘をつくこともある。

ビジネスにおいては相手のちょっとした言動ですぐとんがり、抗議して席を立つ事もある。

相手の言動によってひどく傷付くと回復がむずかしく、たとえ親兄弟であっても疎遠にしてしまう。

O型系のYさんほか

ビジネスにおいては上司に忠実で全力で尽くそうとする。

バイタリティー旺盛で反面、傍若無人となる。

出入りの業者に対しては居丈高になる。

ビジネスにおいてどうしても成し遂げたいことがあると相手組織の担当者を何人も飛び越えて直接権力者にアタックする。実を結ぶこともたまにはあるがその後担当者からにらまれて苦境に陥ることがある。

一部、温厚でおとなしいタイプもいます。

B型系のNさんほか

明るくユーモアに富み周りを盛り上げる。

仕事面ではあれもこれも同時にこなすことが出来、上司には重宝される。

自由な発想やアイデアに富み組織においては意外な方策を提案し会社発展に貢献する。
人の心に対する気遣いに欠ける時がある。
仕事に行き詰まると何もかも投げ出して逃げ出す傾向がある。

ＡＢ型系のＦさんほか

頭脳明晰で仕事もよく出来る。
底抜けに人が良く相手が喜びそうなことは進んで引き受ける。
自己防衛本能が強く安定生活を求める。
人情味に乏しい人をたまにみかける。
Ａ型面の強い人とＢ型面の強い人に分かれる。
前述の通り、このＡＢ型系の人は一言では言えないいろいろな側面の人がおりますが、どちらかというとA型系に近い人が多いような気がします。たまにB型系に近い人もいます。しかしO型系に近い人はあまり会った事がありませんでした。

能見先生の研究で私が大変驚いたことがあります。

それはA、B、Oの血液型にはそれぞれ強者、弱者の関係があり、A型はO型に強くB型に弱い。B型はA型に強くO型に弱い。O型はB型に強くA型に弱い。という事です。

私が思うにはA型男性はO型男性に対しては優位に話ができるがB型男性に対しては何となく出来ない。B型男性はA型男性には何となく優位に話せるがO型男性には何となく出来ない。O型男性はB型男性には優位に話せるがA型男性には何となく出来ないという事ではないでしょうか。強者とはどういう事かというと、守《もり》をする事が出来る関係だと先生は述べています。つまり相手の気持ちがよくわかるから守をすることが出来るという事です。これを男女の恋愛関係でいえば、A型女性はB型男性に恋しやすく、B型女性はO型男性に恋しやすく、O型女性はA型男性に恋しやすいという事になります。しかしこれは基本的性格で言っていることなので前述の通り同じ型でも幾通りかありますので一概には言えません。

私はこの三者の関係を知ってから、なるほどと思うことが多く、その後の社会生活において、とても勉強になったような気がします。

○歴史上の人物の血液型

現在では昔の人の血液型もその遺留品（遺髪、遺骨）などから血液型が検出されるということです。明治維新を成し遂げた英雄、西郷隆盛はB型、大久保利通はO型、坂本龍馬はB型ということらしいですが、この人達のエピソードなどを読むと、なるほどという思いがあります。

大久保は藩の実権を握るために、事実上の藩主である島津久光に近寄り、囲碁を学んで側近となりいろいろな政治的献策をするようになりました。

これはO型の特質である物事を成就するにはその最高権力者に取り入る事、つまり物事の本質をとらえる能力と実行力があったからだと思います。そして大久保は維新後も明治日本の将来に向け次々と新しい政策を打ち出し近代国家の基礎を作りました。西郷はその寛容さとやさしさはよく知られていますが、革命期には細心にして大胆な手腕で成功に導き維新後も重要な政策を実行しました。また坂本龍馬は広い大きな視野で時勢を見極め薩長連合を成し遂げました。

○外観では種類は見分けられないか

前述の通り人間は犬や猿などのように外観ではなかなか見分けることはできない、出来るはずがない、とこの本を書くまで思い込んでいましたが、書いているうちに、いやもしかしたら顔や体形などの一部に本来の血液型の痕跡が微妙に残される部分があるのではないかと思うようになりました（能見先生は外観でも見分ける方法を研究されて、ある程度推測できることも成果を挙げておられるように見受けましたが）。

外観で見分けられなくとも第一印象と、言葉をいくつか交わしてみるとある程度は推測できるような気がします。

もう一つ大変参考になることがあります。

テレビなどで出演している有名人、名優と言われている方々、人気タレントなど最近は、スマホで名前を打ち込んで血液型と打ち込めば即座に血液型が分かります。特にトーク番組ではその人の本来の性格を垣間見ることが出来ます。歌手や俳優などはその人の本来の性格はなかなか判りません。ただ俳優は演技がうまい或いは人間の微妙な心の動きを表現できる人、名優と言われた人などは血液型が大体決まってくるようです。名前を打ち込む前に自分である程度予測をしてから結果を見れば大変興味が出ますし、大勢見るうちに、あたる確率が上がってきます。そして明らかに血液型と性格は関係しているということが分かります。

まずそれを繰り返してみているうちに気付いたことがいくつかあります。それは、お笑い芸人、有名タレントは圧倒的にA型・B型が多いということです。

◎お笑い芸人、有名タレント
A型：志村けん　加藤茶　渡辺直美　近藤春奈　石橋貴明
B型：明石家さんま　出川哲朗　又吉直樹　タカアンドトシのタカ　コロッケ
O型：ビートたけし　桂文枝　千原ジュニア　サンシャイン池崎　小峠英二
AB型：上島竜兵　島田紳助　内村光良　南原清隆　いとうあさこ

◎映画、テレビ俳優
A型：石原裕次郎　沢田研二　勝野洋　谷原章介　中居正広　櫻井翔　長澤まさみ
新垣結衣
B型：高倉健　渡哲也　渥美清　西田敏行　大地康雄　大泉洋
O型：福山雅治　木村拓哉　坂口健太郎　土屋太鳳　深田恭子
AB型：香川照之　黒沢年雄　竜雷太　哀川翔　相葉雅紀

◎司会者、アナウンサー
A型：池上彰　堺正章　今田耕司　中居正広　久米宏
B型：徳光和夫　鈴木奈穂子　明石家さんま　宮根誠司　薬丸裕英
O型：ビートたけし　和田アキ子　タモリ　笑福亭鶴瓶　上沼恵美子　所ジョージ
AB型：安住紳一郎　内村光良　滝川クリステル　島田紳助　古舘伊知郎

これらの方々の血液型は間違って記載されたり発表されたものがあるかもしれませんのであらかじめご了承ください。

人間は年を重ねて社会のことや人間関係のことなど多くのことを学びながら成長していくのでしょう。そして年を重ねるにつれてその人の本来の姿が現れてくるのだと思います。

これは余談ですが、昔、アメリカの大統領リンカーンは、友人が、大臣としてどうだろうと言って推薦してきた男を面接しました。その結果は友人に断ったそうです。

友人が何故だと尋ねたところ、あの男の顔が気にいらないと言ったそうです。その友人は、顔は親からもらったものだから関係ないだろうと言ったところリンカーンは、いや男は40歳にもなれば自分の顔に責任を持たなければならないと言ったそうです。人は持って生まれた血液型の中でそれぞれ社会勉強をしながら人間的に成長していくものだと思います。

いくつかの質問をして血液型を判定できないか？
すみません、私の勝手な推測で書いてみます。

○あなたは好感を持っている男性がいて（父親も含む）ある時外を一緒に歩く機会があったら恋人でもないのに親しみを込めて自分から腕を組めますか？　または組みたいと思いますか？
はい↓O型系女性の甘え好き？

○あなたは愛するご主人または妻が不倫をしていることが判明し相手の人が分かった時、どうしますか？

1　即離婚する↓B型系男女は失望したり嫌なことがあるとあきらめが早い？

2　ご主人または妻と話し合い別れさせる↓O型系男女？

3　相手の人に会って抗議し別れさせる↓A型系男女？

○あなたは親兄弟とたびたび口喧嘩したりしますか。またそれで疎遠になっている人がありますか？

1　はい、あります↓一部のA型系男女は親兄弟にも厳しい。またこじれると感情の修復がむずかしい？

○あなたは好きになって付き合った男性に家庭があると分かった時はどうしますか？

1　相手男性がどう出てきてもすぐ断ち切る↓A型系女性？

2　この人は自分にとって運命の人だからいつかは一緒になりたい↓O型系女性？

3　たまらなく好きだから一緒になれなくても付き合いたい↓B型系女性？

○あなたにとって兄弟姉妹は無条件に愛する存在でたいていのことは許す。
↓O型系男女？

○あなたはいつもと違う場所で寝るときは、なかなか寝付けないほうでしょうか？

1　はい、寝つきが悪いです↓A型系男女？

2　いいえ、どんなところでもわりとすぐ寝れるほうです↓B型系男女？

○あなたは体のどこかに少しでも痛いところや調子の悪いところがあると気になって気分がすぐれず何もする気がしない。
↓O型系男女？

私が長年興味を持ってきた血液型と性格について私の結論に近いものを言わせていただきますと、まず外見や言葉をいくつか交わしただけでは、あなたは何々型ですねとは、なかなか判定できないという事です。前述の通り人間は何年にもわたって混血を繰り返してきておりますのでそう単純なものではありません。ただ血液型の違いという明らかに（出来上がり料理の違い？）として存在します。ただ私なりに感じたことを申しますと、相手の人（会社関係、友人関係）と長く付き合っていますと、例えばその人と二人きりになった時、何となく気づまりまたは気が休まる、馬が合う、合わない、話が弾む、弾まない、などで、ある程度は分かるような気がします。つまり前述の能見先生の「お守り」をする関係または「強者、弱者」の関係を思い起こしてみてください。自分なりの判断基準を持つようにすればある程度は判るようになると思います。

能見先生の研究で私がもう一つ興味を持ったことがあります。それはS・D・ロウラーとL・J・ロウラーの共著『血液型の遺伝』（河出書房新社刊）の中のサルの血液型のことです。

サルにも血液型があってチンパンジーは大部分がA型、一部O型、オランウータンはA・B・AB型があってO型が見出されない。ゴリラには2種類あるが山の奥に住むマウンテンゴリラはA型、低地に住むローランドゴリラはB型であると紹介されているとのことです。

能見先生は初期の頃発行された本の中で、A型は山岳地帯か見通しのきかない森林地帯で、また、B型は平原や砂漠、海洋地域等見通しのきく地域で進化発達した血液型であろうと推測しましたが、能見先生はこれを読まれて「偶然かもしれないが、二人のロウラーが紹介するゴリラたちの血液型の分かれがあまりにもその仮説と暗号(原文ママ。引用者注・符号)する。A型もB型も複雑な性格の表現形態をとるがこの両極端の地域差による棲み分け方に帰着させると根本的な気質の違いが納得できる感じがする」と述べています。ジャングルなど見通しの悪い複雑な地形で生存するには危険や多くの条件に制約され、常に周りに気を配って生きていかなければなりません。海洋性や広い平原地帯など開けた地域ではその必要がないということでしょうか。

そのほか能見先生の研究で、昔私の記憶に残っていて、その後なるほど当たっているかもしれないなと感じたことをいくつかご紹介しましょう。

1　車の運転に関しては血液型によって特徴がある。
A型はスピードを出す傾向がある。

O型は大きな事故を起こす傾向がある。

B型は事故をするときは自損事故が多い。

AB型は居眠り運転をして大事故になる傾向がある。

(私が社会人になって最初の上司は頭も良く、仕事も良く出来る人でしたが車で遠方に出張中に事故を起こして亡くなりました。居眠り運転が原因という事でしたが、彼もAB型でした)

車の保険会社にはどの血液型がどんな事故を起こす傾向にあるかと研究している会社があるらしいのですが、ある警察署管内でも約1年間の血液型別交通事故の合計500件についての数字が示されたとのことです。

2　頭の禿げる人はO型が比較的多い。
3　B型はガンになる人が比較的少ない。
4　犯罪の種類は血液型によって傾向が分かれる。

能見先生の言われる「体を作っている材料の材質を示すのが血液型」ということであれば、これらのことは良く理解できます。

また先生は警察署や刑務所、医大の報告書などから膨大な資料を集めて細分化し大変興味あるデータを発表しておられます。

窃盗罪は何型が多いとか、詐欺罪は何型、強盗殺人は何型など、血液型によって傾向があることが分かります。

先生は東京大学を卒業されおそらくいろいろな分野に友人知人がおられ、貴重な資料を研究者として提供していただいたのだと思います。興味のある方は先生の初期に書かれた本を読んでみてください（昭和55年または56年『新・血液型人間学』角川書店）。

私事で恐縮ですが私の血液型はB型です。私は昭和18年11月生まれで満1歳の誕生日を沖縄県から本土への疎開船の中で迎えたとのことです。その数カ月前に沖縄を出港した学童疎開船対馬丸はアメリカ潜水艦の魚雷攻撃を受けて沈没し1484人の児童などの犠牲者が出ていることを思えば（軍はその事実を隠した）、私は運良く無事に疎開出来たと思います。

父は南方戦線に送られ終戦後、何とか無事に沖縄に帰還して戦後の混乱の中で私たち親子を捜したらしいのですが行方が分からず数年後に別の女性と結婚しました。私の母は疎開後知り合いを頼りながら九州各地を転々とし昭和26年鹿児島県にやってきました。私の母は旅館の従業員として働きながら女手一つで私を育ててきましたが、私が高校生のある時、父の身内を名乗るおばさん（ここではYおばさんとします。父といとこで姉弟のように育った）が沖縄から訪ねてきました。私を捜し当てたという事でとても感激しその日のうちに私を写真館に連れてゆき写真を写したりしました。私にしても誰一人親戚といえる人も無く、母一人子一人の孤独な生活でしたので、このYおばさんの出現は感動的で大変うれしい事でした。Yおばさんは沖縄でレストランを営む比較的裕福な人で沖縄に帰ってから父に私を会わせるべくすべて取り計らってくれました。当時はまだアメリカ軍の施政下にありパスポートも必要でしたがYおばさんのおかげで父と初めて対面することが出来ました。父はその時すでに奥さんとの間に二人の子がありましたが、父はあまり豊かではありませんでしたので私のために何か父親らしいことをしてやりたいと思っていたのでしょうができませんでした。でも親戚一同私を港まで迎えにきてくださって身内として温かく受け入れてくださいました。もう一人、O型のFおばさん（父の姉）がおりまして自分の子供はもちろん甥、姪、そして私にも常に温かい愛情をかけてくださる人でした。

さてYおばさんの事ですがその後もたびたび私に会いに来てくださり私を大学にやるための費用まで出してくださいました。私は母一人子一人の環境だったので高校を卒業したら県外に就職をして母に楽をさせたいという気持ちがありましたので、私にとっては運命を変えてくれた大恩ある人でした。しかし十分に恩返しをすることも出来ないうちに亡くなってしまわれ本当に残念でした。なぜ私がこのように個人的なことを書こうとしたのかといいますと私が濃厚に接触した血縁関係者の血液型と性格を今改めて考えてみたいと思ったからです。

私の母はＡＢ型でした。母の性格はＡＢ型のＢ型面が強く表れていたと思います。Ｂ型にはまったことが苦手でしたが明るく、人と楽しく話すことが大好きで人を大笑いさせている場面をいくつも覚えています。あまり先々のことを考えないのんきな一面があり、経済的にも豊かではなく、なんとかなるさみたいなところがありました。しかし私だけが心の支えで一生懸命働いていたように思います。今考えてみますと母のＡ型面というのはほとんどなかったように思います。その後ＡＢ型の人と何人か知り合いましたが母と同じタイプの人と会ったことがありません。どちらかというとＡ型面が強く出ている人が多いような気がします。

父はＯ型でした。父とは一緒に暮らしたことはほとんどなく、ただ学生時代の夏休みとか春休みに時々沖縄に行って何日間か一緒に過ごしたりしましたのである程度の性格はわかります。O型特有の直情径行型ではなく、どちらかというとおとなしい温厚なタイプだったと思いますが、時々ユーモアのある面白い冗談を言ったりしました。戦後の貧しい沖縄で家族を養うべくいろいろ事業を試みたようですが何をやってもうまくいかなかった人だったようです。ただ東京で学生生活を送っている私に時々手紙を書いたりして気遣ってくれる優しい一面もありました。父は40代という若さで胃潰瘍から癌を患って亡くなりましたが、O型は体の不調に弱いといいますがやはり父は精神的にも弱かったのかなと思います。明るくのんきに73歳まで生きた母とは対称的でした。

父の奥さんは同じO型でした。父と同じように温厚な感じの人で私に対しても優しく接してくれました。私が社会人となって働いている時、Yおばさんと一緒に沖縄から会いにきてくれたことがありましたが久しぶりに会った私に、二人して涙を流して喜んでくださったことを鮮明におぼえています。

子供達二人もO型で一番上の子が私と4歳違いで私とはそれほど年齢差はありませんでした。皆元気で今でも、立派な社会人として働いています。お互いの親や親戚のほとんどが他界してしまった今でもなにかにつけて行ったり来たりしながら時々会っています。沖縄の人達は血縁関係を大変大事にします。O型は親兄弟や身内に対する結びつきや愛が深いといいますが、沖縄は全体的にO型タイプの優しい人達の風土で包まれているような気がします。

私はここで、私のその後の将来を変えてくれたYおばさんのことを話さなければなりません。おばさんはB型でした。私と会う4～5年前にご主人を亡くされたようです。

初めて沖縄に行った時、おばさんには二人の子供さんがおりました。

この子たちはおばさんの実の子ではなくご主人と別の女性の間に出来た子供です。

この女性の方は自分のお店で働いている人でした。おそらくかなり年の差が有ったと思います。ここではMさんとしましょう。

おばさんには子供が出来なかったのでこの子たちを自分たち夫婦の子として入籍しました。

しかし驚いたことにご主人が存命中も、Mさんはずっと同じ屋根の下で従業員として働いていたのです。しかも二人の子供を作って……。どうしてそのような状況になったのか詳しくは判りませんがおばさんの公認の事だったとは思います。おばさんの心境はつらいものがあったとは思います。私が行った時はすでにご主人は他界しておられましたが、Mさんはまだお店で働いていました。私はMさんとお会いした時、なるほどYおばさんがこれまでのショッキングな出来事やあり得ない状況を、なんとか許して、乗り越えてこられたわけが分かったような気がしました。

それほどMさんはやさしく、明るく、素敵な人で誰からも好かれるような人でした。ご主人が亡くなった後も二人は仲良く暮らしていたように思います。

おばさんの性格はこれまで会った沖縄の人達の一般的な性格とは少し違っていて女手一つで店を経営していたせいか店の従業員には厳しい一面を見せていました。店のことで気にいらない出来事があると全従業員やめてしまえというような状況があり私の父などがとりなしてやっと収まったこともあったようです。また同じ親戚でも気にいらない人がいるとあまり付き合いをしたがらない面があったようです。B型の行き詰まったり嫌なことがあると何もかも捨てて逃げてしまうという面をおばさんも持っていたのかもしれません。

亡くなったご主人の血液型は何だったのでしょう。私は聞きそびれてしまいましたが、Mさんの血液型はA型でした。そして二人の子供さんの血液型も二人ともA型でした。子供さんたちは、長い間自分たちの生い立ちに大変負い日を感じておられていたようで実の親にも批判的でしたが、これはA型の気質をよく表していると思います。現在Mさんは毎日、Yおばさんの霊に手をあわせながら長女夫婦と一緒に静かに暮らしています。他の子供も立派な社会人となり独立して生活しています。

第二篇　職場での人間関係

新入社員や若いビジネスマンに是非伝えたい「気配りの心」

○人間関係の基本

私が長年会社勤めをやってきて経験したこと、失敗したことや感じたことなどを今ここで書こうとしていますが間違ったことがありましたらお許しください。

私は人間関係の基本は挨拶からと思います。人は社会の中で生活する以上、ひとりでは決して生きてゆけません。相手の人に対する尊重や思いやりの心が欠けている人は良い人間関係を築くことは出来ません。人間関係の第一歩はまず挨拶からです。職場での朝の挨拶はもちろんのこと、廊下などですれ違ったときの挨拶です。明るく挨拶が出来る人は上司や目上の人から見るととても好感がもてるものです。またそういう人は素直で比較的仕事も出来る人が多いように思います。就職などでスポーツをしていた人が好まれるのは部活でたたきこまれた挨拶や先輩に対する礼儀、ハキハキした言動などが好感をもたれるからだと思います。

○人の明るさ、暗さ

よく、根あか、根くらとか人を評しますがこれはどういう事でしょうか。その人が部屋に入ってきただけでなんとなく全体が明るい雰囲気になるという人がいます。

これはその人のもって生まれたキャラクターも有るでしょうが、よく考えてみますとそういう人に共通しているのは声が一オクターブ高い、話す内容が明るい、人の悪口や会社の悪口批判をあまりしないなど周りに対して寛容な人が多いような気がします。これは、その人のもって生まれたものかも知れませんがそうでない人も努力することによって変わることが出来るのではないかと思います。人は性格を変えることはできない、と思いますが考え方を変えることによって自分の殻を打ち破ることは出来ると思います。

だいぶ前の話ですが私は車で会社の社長と営業に行った帰り道、我が社の社員が歩いて会社の方に帰るところを見ました。その社員は肩を丸めて下向き加減にとぼとぼと歩いていました。社長はそれを見て、「彼は何となく覇気がないね、人は歩く時でも颯爽と前を向いて歩かなければ駄目だよ」と言われました。私はなるほど、人というものは歩くという一つの動作にも心の様相が表れるものだと思いました。ましてや現役の企業戦士は、社内はもちろん何時如何なる時も颯爽と前を向いて歩かなければなりません。敗軍の兵のように、覇気のない人は会社に不要の人間としてあつかわれても仕方ないことです。

○会話

会話は人とのコミュニケーションを図る上でとても大切なことです。特に職場では仕事を円滑に進めるうえで必要不可欠です。よく言われている事ですがホウレンソウつまり報告、連絡、相談です。仕事をしているなかでこれらの事がしっかり出来る人は上司の立場からするととても頼もしく安心して仕事を任せられる人です。

また仕事上の事に限らず世間一般の話題が豊富な人と話すのは楽しいものです。男の無口を美徳のように思っている人がいますがこれは時と場合によると思います。

仕事上でたまたま上司や幹部と同じ車に乗り合わせた時など緊張と遠慮で一言も口をきかないなどかえって失礼になります。今の若い人は盛んにメールをしていますが、上司と同伴中にメールに夢中になるなどもってのほかで大変失礼だと思います。直接の上司はもちろん、はるか上の上司でも臆することなくむしろこちらから積極的に話しかけ、あるいは楽しい話題を提供してゆけば良いと思います。ただしあまりうるさがられない程度にその場の雰囲気を感じ取る事はとても必要ですが……。

話題豊富な人間になるにはどうすれば良いか、それには新聞、雑誌はもちろんのこと読書を大いにして教養を身につけることです。

今でこそ世の中のあらゆる事や知識を得ようと思えば本や新聞そして最近はインターネットなどで豊富に学べます。しかし昔の人はそのようなものがほとんどありませんでしたし学ぼうとする人も少なかったと思います。そういう知識を得よう、世の中の情勢を学ぼうと本当に向学心に燃えた人は、どこそこに偉い先生がいると聞けば、歩いて何日もかかるところへ教えを乞いに行ったりしました。そしてその先生からとても大切なものを学んだ時は一生、先生と呼んで尊敬したのです。いろいろな本があふれている今日でも専門的学問や社会情勢、特に人間関係などは人から学ぶという基本姿勢は常に持ち続けているべきだと思います。

○上司のご機嫌をとることはいけないことか？

職場で上司の機嫌をとる人のことを悪く言う人がいますが、上司から見ると人の機嫌をとれない人よりとれる人のほうを買いたいものです。なぜなら対外に出したとき、この人ならうまく仕事をやってくれるだろうと思うからです。人はお世辞を言われて決して悪い気はしないものです。なぜならお世辞の中にはいくらかの真実が有るからです。いくらお世辞でもまったく反対の事は言えないものです。ただしあまり歯の浮くようなお世辞はいただけませんが……。

「俺は上司の機嫌をとってまで出世しようとは思わない」などと言っていきがっていても同期で入社した人が課長・部長と出世していけばどうでしょう。また家族に対するプライドもあるでしょう。なにより給料など待遇面にも差が出てきます。機嫌をとるという考え方ではなくコミュニケーションを図ると思ってください。男はサラリーマンとして勤める以上は野心を持つべきだと思います。また野心を持てる企業で働くべきです。

○時間を守らない人はビジネスマン失格

仕事の相手方と時間を約束していながら時間に遅れていくことは相手の信頼をいっきに失うものです。こんな人に仕事を頼んで大丈夫か？　と思ってしまいます。どうしても遅れそうな時はたとえ1分程度の遅れでも事前に電話を入れて事情を話して許しを乞うべきです。

また仕事の関係やプライベートで飛行場などに出迎えに行くときなどは決して相手より遅れてはいけません。相手は着いた時、迎えの人が来ていないととても不安に思うし著しく不快に思うものです。たとえ1分でも相手より早く着いて出迎えるべきです。かく言う私も時間に遅れて苦い経験が有りますが……。

○同僚との付き合い

サラリーマンにとっては会社帰りに居酒屋などで一杯飲みながら語らうのは楽しいことです。時間の許す限りなるべく人との付き合いはするべきだとおもいます。

私ごとで恐縮ですが私はお酒が全く飲めませんが飲む雰囲気は好きです。社会に出てまもない頃、お酒を飲めるようになりたいと思い晩酌をするようにしました。ところが1カ月続けたころ体に蕁麻疹が出るようになりました。これはもう自分はお酒が合わない体質だと思い諦めた次第です。しかし今でも、お酒の飲める人はうらやましくて仕方がありません。

お酒を酌み交わしながら仕事上の事などかねがね思っていることを吐き出すことでストレス解消の効果もあるかも知れません。ただあまりグチや批判も度が過ぎてはいけません。聞くほうもウンザリするし楽しくないからです。また企業側から見るとそういう社員は周りの人を腐らせていくのであまりいただけません。そうなると会社から冷遇され、ますます自分を窮地に追い込みます。出来ればグチや批判はあまりしないほうが人から愛されるものです。それともうひとつ、冗談を言ったりユーモアの言える人は私は好きですがこれも少しだけ考えてから言わないと、こちらは全く冗談で言ったつもりがそのように受け取らない人もいます。相手を傷つけたり馬鹿にしたと受け取られたりすることもあります。人間にはいろいろな種類の人がいるということを念頭において冗談やユーモアもセンスの良いものを心がけなければなりません。私も何度も失敗して苦い経験があります。

○人との議論

仕事上のことや社会のことなどで人と議論することがあると思いますが、思いが強ければ強いほど、違う意見にぶつかると、お互い激しくぶつかることになったりします。

私がかつて読んだ本で「激しい意見はどこか間違っている」とか「あなたの意見があって、私の意見がある。そしてもうひとつ、正しい意見がある」という言葉が有りましたが全くその通りで常にそういう気持ちで議論するように努めたいものです。議論に打ち勝ったといって決して相手から尊敬されるものでもありません。

○上司から仕事を依頼された時

上司から仕事を頼まれたとき喜んでする人となんだかんだ理由をつけて断る人がいます。

前者は上司から見るととても好感がもてる有望社員であるし後者は上司の心を著しく傷つける事になります。会社にはひとつの事しか出来ない人もいるし、同時にいくつもの仕事をこなしていく人もいます。上司は仕事を依頼するときはその人の能力を見て依頼します。だから決して断らないようにしましょう。忙しくてどうしようもないときは「今、これこれの仕事をやっていますがそれが終わってからになりますがよろしいですか？」などという言い方が良いでしょう。

会社で出世していく人とそうでない人の差はその人の総合的能力というものもありますが、上司から仕事を依頼されたときの態度でその人の将来をある程度判断出来ます。

まず仕事を命じられた時断る人は論外ですが、しぶしぶ受ける人は永く勤めても係長か課長止まり、いやな顔を見せず喜んで受ける人は将来部長クラスになれるでしょう。そしてもうひとつのタイプ、上司が、頼める人がいなくて困っている様子のとき自分からすすんで申し出る人、こういう人は将来役員クラスまで上りつめるでしょう。

○部下の叱り方

これは私も苦い経験が有りますのであまり偉そうなことは言えませんが、会社である程度出世していくと多かれ少なかれ部下が出来ます。部下がミスを犯したときなど叱ることもあるでしょう。そんな時自分が激昂してはいけません。叱ると怒るとは違うのです。叱るのは少なくとも相手の事を思っていることが感じられます。怒るのはただ自分の感情を爆発させているだけの事で相手に対する思いやりなど感じられません。あとはお互いいやな感情が残るだけです。

それともうひとつ、相手によって叱り方を考える必要があると思います。

人には前に述べたようにいろいろなタイプがあって遠まわしに少し注意するだけで

こたえる人と、率直に厳しく言わなければこたえない人がいます。前者のタイプにあまり厳しく言うととても落ち込んで逆効果になることもあります。また後者のタイプは少々きつく叱らないと判らないものです。上司の立場になったらそこの見極めが必要だと思います。

○部下の報告は鵜呑みにしない

部下の中には仕事の報告をする時、楽観的または苦し紛れに虚偽の報告をする人があります。部下を１００％信頼できれば一番良いのですが大切な案件はやはり自分でも確認する事が大切です。報告と全く違うこと或いはこちらが意図している事と少しちがう内容になっていて手遅れになり重大な結果をもたらす事があります。

○どんな末端の社員でも名前を憶えて呼ぶようにしましょう

入社後、長くなると経験を積んで主任、課長、部長と偉くなっていきます。するると自社の人達はもちろん関連会社や下請け会社の人達の名前も出来る限りを憶えて、名前で呼んで声をかけるようにしてあげてください。相手は名前を憶えてくれていたんだと思うととてもうれしいものです。

○ビジネスマナー

仕事で他社を訪問したときなどそれなりの身のこなしやマナーがあります。挨拶の仕方、名刺の出し方、席の取り方などちょっとしたことですが、それをよく心得た人は、それを心得ていない人の間違った動作が気になるものです。たとえば席には上座と下座があります。一般的には目上の人やお得意様は上座に座っていただくものですが、勧めもしないのに上座にどんと座れば不快に思うかも知れません。また訪問するときはそれなりの服装でなければ不快に思う人がいるかも知れません。

来客を迎えるときも同じです。相手をどれくらい尊重しているかは服装や身のこなしで判るものです。

昔こういう事がありました。ある町村に挨拶に行った時のことです。そこの首長さんの部屋にいきましたら突然の訪問にもかかわらずあわてて背広の上着を着られて応対して下さったのです。もちろん旧知の間柄ではありましたが、どう考えても相手が立場上うえの方なのにこちらのほうがとても恐縮して感銘を受けたことを覚えています。

ビジネスマナーにはまだまだたくさん有りますが自分自身の経験や上司から学んでいくものです。要は学んでいくという心を持つことが大切です。

○会議

企業では何かにつけて会議をします。企業が発展するためには必要なことです。

しかし私は不快な経験をしたことがあります。その会社の社員がいつも熱心に営業に来られていたので、ある日その会社に資材の発注をしようと担当者に電話したのですが受付の女子社員に会議を理由に取り次いでもらえませんでした。会議を重要視するあまり電話の受付女子社員に、会議中は外部からの電話は一切つなぐなと命令する人がいるようです。

会議の内容にもよりますが営業会議などは如何にしたら売り上げを伸ばせるかという趣旨が根本にあるのが普通です。何のための営業会議か、もっと慎重に対応するべきだと思います。

○最初の受注は必ず生かすべし

目指す企業に何回も営業をかけてやっと受注できそうになった時はとても緊張すると思いますが問題は価格です。会社から示されている価格の下限は当然あると思いますが初めての取引が出来そうなときは思い切って安くすることも一つの策です。

もちろん事前に上司の了解をもらっておけば結構なことですが、顧客の前で電話して、上司に許可をもらうような愚かなことをしてはいけません。権限のない社員と思われたら次からはあまり相手にされないからです。時と場合によっては自分の判断で決断することも大切です。初めての取引相手には一般的には、いきなり大きな金額の発注はしないものです。

少ない金額の取引では少しぐらいの損失は覚悟してでも初めての縁が出来、取引口座が出来るという事が大きな成果だと思ってください。もちろんその取引1回きりにならないように営業努力は必要ですけどね。

○結婚のメリット

一般的に、結婚して家庭を持っている人はある程度の社会的信用があると解釈されます。なぜなら家族を持つということはそれを守っていかなければならないし社会的常識を身につけていると思うからです。結婚は他人同志が愛し合って一緒になることで、もうそれだけで一定の信用や資格があります。それはなぜかというと人を愛せる人だということ、また、人から愛された人だということです。また結婚することで社会的常識をお互いに教えあって進歩していきますので1＋1で2に、あるいはそれぞれの両家先祖から受け継いだものを考えると1＋1は3とか4あるいはそれ以上になるのかも知れません。もっともまるっきり似た者同志で進歩の無い夫婦もたまに有り、1＋1は1でしかない夫婦もたまにいますが……。

○友人

友人をたくさん持っている人はすばらしい人だと思います。なぜならそういう人は友情の豊かな人だと思うからです。友達付き合いをするにもそれなりのルールがあって相手にいつも迷惑をかけたり、不快にする人ではどんな古くからの友達でも逃げてゆくものです。子供の頃からあるいは学生時代の友人で、おれ、おまえで呼び合える間柄の人は大切にしたいものです。たとえ長く会っていなくても時々思い出したように電話などをしてくれる人はその人の情や人間性を感じてうれしいものです。

　ところで子供のころや学生時代の友達にはどうして特別の親しみがあるのでしょうか。

　ただ単に昔の姿を知っていてなつかしいというだけでしょうか。それとも利害関係にとらわれずお互い自分をさらけだして裸の付き合いをしたからでしょうか。私もうまく言えませんがそういう友人は本当に良いもので会えば嬉しいものです。

　そこで子供をもつ親に提言ですが近くの親戚友人はもちろん、遠くはなれた親戚に同じ年頃の子供がいるときはたまには盆正月に田舎に行って子供どうし会わせて遊ばせてほしいのです。子供の頃たとえ一度でも会って遊んだことがあれば大人になって会ったとき親しみがぜんぜん違うものです。ましてや、いとこの間柄だとこれはもう親の義務として考えてあげるべきです。大きくなったときお互いの力になれるでしょう。

○人間の大きさとは

人間が大きいとか小さいとかよく言いますが一体どこからくるものでしょうか。

これはもって生まれた人間の種類からくるものかも知れませんが、修養することによって、ある程度大きくなれると思います。人間性を高めていくには読書をすることだと思っています。読書によってある程度人間は大きくなれるような気がします。人間社会の物語を描いた本を数多く読む事によって自分というものを客観的に見つめる事ができると思うからです。人間個人の人生を体験できるのはひとつだけですが本をたくさん読むことによって物語の主人公の人生あるいは生き方をいくつも体験できるのです。本を読む人とそうでない人とでは人間性に大きな差ができます。人間の大きい人とは常に相手の立場になってものごとを考えられる人、そして人間とはどんなに栄華をきわめて富を築いてもいずれは死んでゆくものだと悟っている人ではないでしょうか。自分の事だけしか考えない人、相手を決して許せない人も読書をすることによって少しは考え方を変えられると思います。

それと人間関係を高めるうえでもう一つ、私は最近になって気付いた事ですが、それはテレビドラマをたくさん見る事です。こう言うとなんだか俗っぽく思われるかもしれませんがこれは意外に大きな力を持っています。もしかしたら読書よりも直接的、視覚的で人間関係を学ぶには最高のお手本になるのかもしれません。ドラマにはいろいろな人間関係や人間の性格が描かれています。

特にサスペンスものやホームドラマでは悪い人も良い人も赤裸々に描かれていて視覚的に直接見ることができます。また、たとえば嫁、姑の関係ドラマなど、それを見る姑、あるいは嫁は「自分はどんな人間だろうか？」と客観的に自分を見つめなおすことができます。

私は思うのですが、たとえば交通事故などの被害者になったときなど人間性が大きいとか小さいとかが如実に表れるような気がします。被害者の中にはいかに自分は不幸な人間か、相手はいかに悪いやつかと一方的に相手を責めたり、とてつもない賠償金や慰謝料を要求したりする人もいます。加害者も、やろうと思ってやったのではなく（もちろんかねてから乱暴な運転手や悪質なドライバーもいますがそういう方は厳罰にするべきです）中には被害者のほうが悪い場合もあったりします。人間だれしもミスをおかしたりするものです。

一方的に責められて責任感の強い人は自殺したりする人もいます。これではどちらが被害者かわからなくなります。こういう時こそ相手の立場になって、大きな心で相手を許してやるぐらいの度量を持ちたいものです。私事ですが昔ショッピングセンターの駐車場で車を出そうとして後ろをよく確認せずにバックしようとしたところ後ろから来た車の後方ドア付近にコツンと当ててしまいました。私は驚いて車から降りて相手の方に平謝りしたのですが、相手の方はまだ20代後半ぐらいの方でしたがとても良い方で私を気遣って自分も至らなかったとおっしゃってくださいました。車の修理費を出しますからと申し上げましたがどうせ古い車だからいいですよと決して受けようとされませんでした。名刺をいただき後日お詫びの品をお送りしておきましたが、その方からまたお礼の電話をいただき改めて車の修理のことを申し上げましたがそのことはもうよろしいですよとの事でその方の人間性の温かみを改めて感じた出来事でした。

○人間性評価の基準

人間性の評価は何で決まるのでしょうか。頭の良し悪しでしょうか。それとも職業でしょうか。いや決してそうではありません。頭が良いという事と人間性は全く関係がありません。またお金持ちの人とも関係ありません。立派な職業についているからとも関係ありません。私は人間性に評価をつけるとすれば誠意と人情を挙げたいと思います。誠意とは相手を思いやる心あるいは一度口にして約束したことは必ず守る、決してその場のがれの嘘をつかないなどです。また人情とは人として情に厚いということです。親兄弟は勿論のこと昔お世話になった人、なつかしい人などまた相手を気遣って時々電話をかけたりする人などは情に厚い人だという気がします。

○親子関係

最近中学生以上になった子あるいは成人した子が親を殺したりするという大変寒々しい事件が起きていますが本当に悲しいことです。親は子供が赤ちゃんの時からだっこしたりおむつを替えてあげたりしてかわいいかわいいで育ててきたはずなのに、なぜという思いがあります。親の子に対する愛情と子の親に対する愛情の違いは何でしょうか。親は子を赤ちゃんの時から育てて成人させるまでの苦労、またその子の将来の心配まで様々な心労を重ねて育ててゆきます。しかし子供はそういう親の心配はよそに自分だけの世界で生きています。私の体験から言いますと、ある一定期間、親の愛情がわずらわしく感じる事がありました。それが結婚して子供が出来た頃からすこしずつ親の気持ちや、ありがたさが判るようになり年を重ねるにつれて愛が深まり親を亡くして初めてそれが頂点に達します。もっとああしてやれば良かったこうしてやれば良かったと後悔の念にかられます。子育ての段階では親は子供の将来を思って真剣に教育しようとしています。

親は、社会の厳しさを知っているから当然の事だと思いますが子は親の心をあまり理解していない事が多いのです。ただ口うるさいとしか考えないでしょう。そこに親子の感情に大きなギャップが生じるのだと思います。わたくし事で恐縮ですが私も子育てをしてきていろいろ後悔の念にかられていることが有ります。仕事に追われる日々だったことや教育に熱心になるあまり、やさしさと愛情をそそいであげられなかったこと、子供の人生に口出しせずもっと好きなようにさせてあげれば良かったなどと思っています。今思うと子供は自分とは全く違う人格であり、子供には子供の人生があるのだという思いを強くしています。幸いに今、私の子供たちは横道にそれることなく立派な社会人として生活していることがせめてもの救いだと思っています。

○座右の銘

雑誌などの有名人インタビューで、「座右の銘」は何でしょうかと質問したりしますが、これを即座に答えられる人はその人の信念とか生きる指標があらわされていてとても感心します。出来ましたら常に座右の銘を持っていて自分が苦境に陥った時などはこれを思い出して人生の荒波を乗り切ってほしいものです。

○若きビジネスマンにぜひおすすめしたいスポーツ

それはゴルフです。ゴルフは紳士のスポーツと申しますが世の中のほとんどの企業の経営者や幹部はゴルフをします。営業上のお付き合いが根底にありますが何よりも健康に良い、楽しい、友人が出来るなど良いことがたくさんあります。ゴルフを覚えて楽しくなるには少し時間がかかるかもしれませんがこの壁を乗り越えれば、奥が深くしかも現役引退後もながく楽しめるスポーツです。若いビジネスマンにとってはまずお金の問題がありますがゴルフを始めるには、月5000〜1万円程度のレッスン料を払って3〜4カ月（合計2万〜4万円程度）で基礎をしっかり覚えてからコースに出れば上達が早いと思います。パチンコなどのギャンブルで使うお金から比べればはるかに安いし健康にも良いです。いきなり練習場に行って、かなり打ち込めばある程度は出来るようにはなりますが上達は期待できませんし結果的には練習場の費用の方が高くつきます。かく言う私が良い例で基礎を全く習わずに始めたせいで何十年もやっていながらいまだに、ああでもないこうでもないと迷いながら、お恥ずかしいほどのスコアです。

若いビジネスマンでも、ゴルフ場では相手がどんなに偉い人でも対等に付き合えるし、ましてやゴルフがうまければ立場が上の人からでも尊敬されます。1～2回一緒にラウンドすると仕事上で訪ねて行っても喜んで迎えてくれます。「たかがゴルフされどゴルフ」という言葉がありますが偉い人たちが1打のスコアを気にしてプレーする様子は微笑ましいものがあります。夜の接待はせいぜい2～3時間の事でしょうがゴルフは1日一緒に楽しく過ごせます。プレー費も最近ではひと頃のようには高くなく安くなっています。仕事上のゴルフコンペでは「おまえが行ってこい」と言われることも多くなり、そうなると費用も会社から交際費として支給されます。

ゴルフをするとその人の性格や人間性も表れますのでラウンドするときのマナーやルールもしっかり覚えていってください。

第三篇

立法、司法、行政へのお願い

この章を書こうとしている時、新型コロナウイルスの感染が始まりました。連日テレビの報道はこの問題で大部分の時間を費やしております。国民はもちろん、総理大臣等の政治家や東京、大阪などの大都市および各県の首長など皆、右往左往しているさまはまさに国家的危機と思います。予防薬やワクチン等が出来て、いずれこのウイルスとの戦いは人間によって制御されるとは思いますが、私が気になりますのは国民や事業者に対する補償費の問題です。もちろん大きな被害を受けた人たちへの補償は十分にかんがえてあげなければなりませんが、政治家は与野党含めて莫大な金額に上る補償費をいとも簡単に決定していこうとしています。ただでさえ今までの政治家が湯水のように使ってきた国家予算で莫大な借金が蓄積されてきて、いつ日本国の財政が破綻するのか心配しているところにこの騒ぎです。

政府の対応で私が不思議に思っていることがいくつかあります。まずこの種の伝染病の研究所（国立感染症研究所？）が有効に生かされているかという事です。

ワクチン、そして特効薬などの研究・開発に関して、今回の政府の対応はニュースを見ていると専門家会議なるものがやたらと出てきます。その専門家会議の意見を聞いて各種方針を決定しているのでしょうか。それとワクチンや薬品の開発は製薬会社や大学の研究などにたよりきっているのでしょうか。私が思いますには各製薬会社や大学は我こそは世界的な特効薬やワクチンを発明して莫大な利益を或いはノーベル賞を目指してひそかに頑張っていると思います。それはそれで大変良いことだとは思いますが問題は、その過程においてたとえばこのウイルスの特徴などで大変重要なことなどが分かったとかいう場合、これはワクチンや特効薬が完成されるまでは機密事項としてひた隠しにされると思うのですが如何でしょうか？

私の素人考えですがコロナウイルスは呼吸器系統の病気を引き起こす病気であって胃や腸に入ったら生きていけない菌かもしれません。という事は鼻と口だけをしっかり防護すればかなり感染を防げるのではないかという事です。大都会の街中の映像を見ているとマスクをしないで歩いている人や、あるいはマスクをしていても肝心の鼻から外していたりする人を見かけます。それなのにマスクの正しいつけ方を教える番組はあまり見かけません。どちらかと言うと手洗いの仕方ばかりが多いような気がします。もし仮にコロナウイルスを口で舐めて胃や腸に入ったとしても発病することはないとすればいかに無駄なことをしているかという事になります。またこのウイルスは空気中で髪の毛や衣服に付着した時、果たしてどの程度の風で飛散するのか或いは大気温何度で何分程度で死滅するのかという事など政府直属の研究機関で分かっていることをリアルタイムで国民に知らせるべきではないでしょうか。今までのインフルエンザがなぜ冬に流行するのか、夏の暑さではウイルス菌は大気中では数分程度しか生きていないのではないか？　などそういうことがしっかり分かっていれば、鼻と口の防護を徹底的にすればよく、極端に言えばスポーツ観戦や人が集まるイベントや商売などもやり方をうまく考えて（多少の不便を我慢すれば）出来るのではないかという事です。またフェイスシールド或いはヘッドシールドなるものも作成して、場合によってはマスクとの併用もすればほぼ完ぺきに近いほど防げるのではないでしょうか。

ただこれにはマスクなどの着用を義務付ける法的整備が必要であることは言うまでもありません。なぜならこんな状況下にあってもパチンコに行ったりマスクを着用しないなど不心得者がたくさんいるからです。マスクやフェイスシールド、ヘッドシールド、場合によってはパーテーションシールドなどの防護費用は国が負担しても良いのです。マスクも形や大きさなどコロナウイルスを少しでも有効に除外できるようなものを研究する必要があります。鼻が簡単にはみ出してしまうような小さな品では意味がなくなりますので国のマスク標準仕様を示しても良いのではないでしょうか。

国が営業自粛要請などをして、莫大な営業補償費などを支払ったりすることにより起こりうる国家経済の崩壊や国家財政の破綻から比べればはるかに安いし有効なものだと思いますが如何でしょう？　それにはまず前述のようにこのウイルスの性質と、ワクチン、薬品、治療法を徹底的に研究する政府直轄の機関が有効に働くことが大切だと思います。

アメリカは他の国々に比べて圧倒的に感染者が多いのはなぜでしょう。

アメリカの街中の映像を見ているとその原因が分かります。こんな状況下でもマスクをしていない人が多いのです。アメリカのトランプ前大統領を筆頭にその支持者は意識的にマスクをしないようにしているという報道がありました。感染防止に関してこれは全く論外ですが、しかし逆に言えばマスクをつけるという効果がいかに大きいかという事が分かります。トランプ前大統領はこれによって経済が落ち込み自分の支持率が低下することを懸念していると思います。しかし、アメリカもコロナによって国家予算や財政が破綻する可能性があります。日本もコロナ後の国家財政が心配です。こんな補償費の使い方をしなければならなかったのでしょうか。おそらくこのツケは遠からず必ずやってくるでしょう。所得税の大幅増額、年金の大幅カットあるいは年金制度の崩壊などなどなど……。

感染防止対策はこれでよかったのでしょうか。的外れの対策で国民や経済に無用の打撃や不自由をあたえてしまうという事はなかったのでしょうか。1918年から1920年に流行したスペイン風邪は世界で5億人が感染し死者1700万～5000万人といわれており日本でも45万人が死亡したと言われています。それと比較すると今回のコロナウイルスでの日本の死者は第1波で900人程度とかなり少ないように見えますが、マスコミの影響でしょうか騒ぎの大きさは大変なものです。経済も生き物です。政策を誤って国の経済を破綻させてしまった結果、各営業を営む方々が、死に等しい悲惨な状況に追い込まれては何にもなりません。営業を自粛させるよりも営業をしていただきながらいかに感染を予防するかの対策を指導をするべきではないでしょうか。それに要する費用は国が補助金などを負担すればよいのです。

国民みんなに一律10万円給付などという政策はどうも納得がいきません。年収1千万円以上の人やコロナ危機であっても収入減にならない人達にも一律支給するというのは如何なものでしょうか。大学生への一律給付金なども親の年収なども考慮して決めるべきです。先日のテレビで若い人たちが10万円の給付をもらったとのことで皆で夜の街に繰り出し飲めや歌えやのどんちゃん騒ぎをしてコロナに感染したと報道されました。

また小さな子供二人を抱える若い夫婦（男は無職）が給付金40万円入ったとのことで子供を集合住宅に残したまま近くのホテルに数日間泊まりに行き、空腹な子供は危うく命をなくすところでした。近所の人が警察に通報して、事が発覚した次第です。これらの事などが一律給付金の支給の仕方がいかに愚かな政策だったかという事を証明しています。このほかにもいろいろな提案を各政党が人気取りのために競って挙げてきます。与党も国家財政を破綻させるようなどんな無茶な提案でも拒むことが出来ない状況になっております。いずれこの大きな財政負担は国民にとんでもない負担として跳ね返ってくるでしょう。将来どこかの国の財政破綻のようにまことに恐ろしい結果にならなければ良いと思ってとても心配です。

最後にもう一つ提案です。このような特別の状況下で、マスクの着用をしていない人は感染者となり加害者となります。罰金刑を課すという事も必要ではないでしょうか。

コロナウイルスに関していろいろ書きましたが、素人の私が素朴な疑問をぶつけまして誠に申し訳ありません。私の無知や取るに足らないことがありましたら平にお許しください。

○社会に対する政治家の責任

私はいま日本の政治と政治家に強い不信と不満を感じています。そして日本の将来に大変な危機感を募らせています。

いろいろな社会問題が山ほどあるのに政治改革や法律の改正が叫ばれていながらなぜいっこうに進まないのでしょうか。

現状を変えていこうとすれば抵抗勢力が猛烈に反対することもあるでしょうが、それを押しきってやるだけの強いリーダーシップをもった政治家の出現がいまほど待望されている時はないと思います。

ここではかねがね私が痛切に感じていることを思いつくまま書いていきたいと思います。素人考えと一笑に付されたり抵抗を感じられる方もいらっしゃるでしょうがご容赦下さい。

○国会議員になるにも資格試験を実施してください

世の中にはいろいろな国家資格が作られ仕事につくにも資格が無いと中々むずかしい時代になっています。しかし国家の重要な政策に携わる政治家はどうでしょう。被選挙権は年齢的なものが決められているにすぎません。私は何人もの地方議員や国会議員に接してきましたが率直にいってそれにふさわしい人は少ないように思います。中には立派な人もいますがそういう人が存分に腕をふるえない状況にあるのではないでしょうか。つまり同じ考えの同志、あるいは問題意識を持った同志が少ないのではないかと思います。大勢の国民の運命を左右する政治家になるための資格が定められていないのはおかしいと思います。私は政治家になる資格をこう考えます。まず庶民生活を最低でも5年以上営んだことのある人。最近は親が政治家だった人がそっくり地盤を引き継いで1回で当選したりしますが、こういうおぼっちゃん育ちの人が本当に庶民生活の経済的苦しみが判るのでしょうか。疑問です。先日スーパーマーケットを、ある大臣が視察していて取り巻きの記者が「このインスタントラーメン1個いくらぐらいと思われますか？」と尋ねたところ「んーー、500円ぐらいですか？」と言われました。私は唖然としました。1個100円ちょっとぐらいのインスタントラーメンの、およその値段も知らない人が今の政治家なのでしょうか。お金の有難さが判っていない人に国民の税金を預けるわけにはいきません。最近は世襲政治家が多くなって親の七光で一般庶民の生活も知らずぬくぬくと育った人たちが当選してゆきます。そういう人がもし総理大臣にでもなったら国家財政や国民にとっては本当に悲惨です。親が築いた大きな財産をどら息子が破産させる事がよくありますが個人財産ならともかく、国家財政です。同じような感覚で運用されては国民はたまったものではありません。今の政治はまさにこういう人たちが国家予算を運用してとてつもない赤字財政を重ね、国民に重い税負担を課しているという気がしてなりません。このまま いくと遠からず国家財政は破綻するでしょう。

次に、少なくとも日本史、世界史、経済などに関する一定の知識と教養を要する試験を課すべきです。先日ある放送番組の街頭インタビューで若い人に「あなたは昔、日本とアメリカが戦争をしたことを知っていますか」と尋ねたところ、「え？　本当ですか。で、どちらが勝ったんですか？」という場面がありましたが私は唖然としてしまいました。もうこんな世代の人達になったのかという思いと、一体学校で何を教えているのだろうという教育に対する不信感です。こういう年齢の人達がいずれ政治家になって国を動かすようになったらどうなるのだろう。過去に犯してきた大きな過ちをまた犯してしまうでしょう。

政治家は一般的に演説がうまいものですが私は、演説の能力とその人の持っている能力と才能、人間性は全く別物だと思っています。史上最大の扇動政治家ナチスのヒトラーの演説の素晴らしさに国民は酔いしれこの人を神のように支持し大きな間違いを犯しました。

国民の運命を左右する政治家には一定の資格試験があってしかるべきだと思います。特別むずかしくする必要はありませんが合格率10〜15%程度ぐらいあれば国民からある程度評価されると思います。

現役の政治家は既得権を認めないとこの制度には猛反対して法制化はむずかしいで

しょうから簡単な講習程度でも資格を与えればよいと思います。

講習科目の一つに西郷隆盛の遺訓などを是非加えていただけたらと思います。例えば、「断じて行えば鬼神もこれを避ける。命もいらぬ、名もいらぬ、官位も金もいらぬというような人物は処理に困るものである。このような手に負えない人物でなければ、困難を共にして、国家の大業を成し遂げることは出来ない」など現役の政治家にとっても大変良い教訓になる言葉がいくつもあります。

◎もう一度、国会議員になるための受験資格を列挙します。

1　学校卒業後は自分で就職先を探すこと。
2　自分でアパートなりを借りて独立生活を営むこと。
3　庶民生活を最低でも5年以上経験していること。
4　この間、親の資金援助を受けていないこと。
5　出来れば妻帯して子供がいることが望ましい。

これらのことはなかなか証明できる種類のものではありませんが今の時代、後で経歴が発覚することがよくあります。その時は辞職することを条件にします。

○国会中継や政治討論の番組を見て感じること

テレビで各政党の代表者が出演して討論をする場面がありますが、議論が白熱してくると相手が話をしているにもかかわらず全く聞こうとせず一方的にヤジを飛ばす人が多いのにはびっくりしますが、これが日本の政治の最高機関の方々の姿かと思うと見ていて悲しくなります。人のいうことを全く聞かないということはその人達が政権を運営する立場になった時も人の意見に耳を傾けないということとつながっているような気がします。ヤジというものはなんの意味も効果も無いのではないでしょうか。少なくとも先生と呼ばれる方々です。もっと品格をもって行動して欲しいと思います。

各政党や国民を代表して出てこられた政治家のはずですが相手の言うことを全く聞こうとしない態度にはあきれてしまいます。政府側もまた野党から予算案などでいろいろな是正や提案あるいは指摘をうけても一切原案を変更しないであくまでも押し通そうとするのはなんでしょうか。原案を変更すると政府のメンツにかかわると思っているのでしょうか。これではなんのための審議なのか意味がありません。

このように頭のかたい人達が政治家として選ばれているのかと思えば残念でなりません。

政治家は国のためには相手の言うことにじっくり耳を傾けて、なるほどそうか。それもいい考え方だ。などと受け入れるだけの度量がなければいけないと思います。

それともうひとつ。ちょっとした事件、事故など政府の責任を徹底的に追及する場面がありますが、それはそれで良いと思うのですが問題はそれを是正するためにまた新たな省庁を作ったり人を増やしたりして役人が増えていくことです。それにもまた国民の税金が投入されていくことを考えて欲しいと思います。

○財政改革

日本の国家財政は相当の赤字財政で国民一人当たりの借金は1000万？（コロナ後は大幅に増えるでしょう）とか言いますが私に言わせればこれはもう大変なことで、こんなになるまで政治家はよく放っておいたものだと怒りを禁じえません。一体政治家は将来の日本を真剣に考えているのでしょうか。一般家庭のやりくりで借金をしなければやっていけないようでは生活は成り立たないのです。過去の政治家たちがやってきた、今の国家財政を立て直して健全なかたちに戻すには何年もかかるでしょう。これをやろうとすれば経済は冷え込み、時の総理や内閣は大きな批判と国民の不平不満にさらされるでしょうが破綻に向かう日本経済の将来を救う為には誰かがやらなければならないのです。たとえ嵐のような批判にさらされ憎まれようともこれをやりとげる為の絶対的枠組みや足かせを作ってしまえば後世の人はきっと評価してくれるでしょう。今はそういう信念と強いリーダーシップを持った政治家が必要だとおもいます。また、国家予算が緊縮財政だからといって必ずしも経済が冷え込むとも限りません。やりようによっては民間に活力を生み出すような政策を考えていけばよいと思います。

まず今の財政を立て直すには民間企業感覚を導入する必要があります。いやもしかしたら一般家庭の主婦のやりくり感覚でないと日本の財政はもうどうしようもないところまで来ているのではないでしょうか。日本の財政は民間企業感覚でいえばとっくに倒産しています。収入と支出の関係を全く考えていないからです。このような状態の時、民間企業ならばどうするでしょう。まず大幅なリストラを実行するでしょう。民間企業の感覚でいけばおそらく今の各種予算や経費は2分の1いやもしかしたら3分の1以下ぐらいでやっていけるのかも知れません。

外国のある学者が、ある法則で「役人というものは放っておけば際限なく増えていくものだ」と言っていますが私は今まさに日本はその通りになってきているのではないかと思っています。国家予算に占めるそういった人件費や事務費管理費などはどれくらいあるのか公表されていないような気がするのですが（或いは予算審議の対象になっていないのか？）、私も勉強不足で判りませんが政治家にはそういった精査もして欲しいと思います。一定の枠組みや制限を法制化しなければますます膨大化していくことは間違いありません。国家予算が苦しくなると安易に税金を上げることしか考えない政治家や官僚がいますが、手をつけるべきところを放っておいて税金を上げるなどとんでもない事です。民間企業の感覚で無駄を省いていけば何とか正常な形でやっていけるのではないでしょうか。

立て直しには何年もかかるでしょうが……。

○二院制の無駄

国会には衆議院と参議院がありますが、ご承知のように参議院で否決されても衆議院で議決された法案が優先されます。ということは参議院はいったい何の存在意味があるのでしょうか。参議院のためにどれほどの国民の税金が使われているのでしょうか。早急に廃止するべきです。しかしこれも現職議員の猛反対にあって実現はむずかしいでしょうね。勇気をもって断行できる政治家が現れることを期待します。

○官僚の天下り問題

官僚の天下りが問題になっており、各省庁の関連法人を5回も6回も渡りあるいて退職金を三億数千万円もらったという事があるように聞いていますが全く信じられないくらいひどいものです。国民の税金を食い物にしていると思われても仕方ありません。いろいろな改革がさけばれているにもかかわらず改革案が抜け道だらけのざる法になっている事の大きな原因のひとつに、法律を作る原案をこれまた官僚に依存しているからだと思います。官僚は自分たちにとって都合の悪いことは直剣に取り組むはずがありません。むしろ従来の制度を逆に合法化するような制度を作ろうとすらします。こういった官僚の自己都合のふるまいを野放しにせずメスをいれて改革していくのも政治家の責任ではないでしょうか。

テレビで人事院総裁とやらが出ていましたがその発言や態度は官僚擁護であって国民の目線に立ったものではありません。官僚も定年まで勤めてのち働きたければ庶民と同じハローワークにいくべきです。一般庶民はたいへんな思いをして職探しをしている今日なぜ官僚だけが再就職を保証されているのでしょうか。しかもとてつもない報酬で……。

くるくる替わる大臣や総理は軽く見られています。そもそも人事院なんてどうしても必要なのでしょうか。職員がどれくらいいるのかわかりませんが私の民間人的感覚ではせいぜい40〜50人もいれば充分だと思うのですが認識不足でしょうか。各省庁の個別の人事はそれぞれ人事課があると思うのですが……。

私はこれを書いていてふと思いついて、人事院の組織を調べてみました。大変驚きました。なんと総裁・総裁秘書官以下局長・事務総長・課長などの幹部だけで約150人もいました。総勢何人いるのかは判りません。

なぜ人事院総裁などとたいそうな名前がつくのでしょう。これひとつをみても各省庁はやたら事務量を複雑膨大化して役人を増やしているような気がします。人事院はどうしても必要なものであればその幹部は民間から選ぶべきではないでしょうか。

○海外援助の不思議

私がいつも不思議に思っていることですが、日本は世界各国に毎年多額の援助をしているようです。日本の財政が火の車だというのになぜなのでしょうか。なかには日本より大国で経済発展している国もあるようです。何より不思議なのは野党やマスコミもそれに関しては殆ど沈黙していることです。うがった見方かもしれませんが、日本駐在の各国大使などが与野党を問わず国会議員に対する連日の接待や供応裏工作などで海外援助に反対できない状況になっているのではないかと思ってしまいます。もしそうだとすれば海外援助に名を借りた国民に対する大変な背信行為です。国際援助は我々が知らない事情があってそうせざるを得ない事があるのかも知れませんが、相手国に日本国民の重い税金の窮状と経済の現状を理解して頂いていっさいの援助を差し控えるということはできないのでしょうか。国民には重い税負担を強いて外国には気前よくばらまくのはどうしても理解できないのです。

それともう一つ、政治体制が民主主義でない国家には絶対に援助をするべきではないと思います。国によっては援助を受けたことすら公表せず、権力者にとって都合の悪いことは報道管制をしていっさい国民に知らせない国や、援助を受けたものが軍事費に使われたり一部の支配階級に私物化されたりしている事もあるのではないでしょうか。

本当の意味での民主主義でない国には日本国民の貴重な税金をつぎ込んでも、むなしいような気がします。国際的援助や国際的支出は法制化して、安易に政治家が貴重な税金をばら撒けないようにしては如何でしょうか。

○領土問題

尖閣諸島の問題で日中間が揺れています。ひところ、中国人がデモをして尖閣諸島は中国の領土だと激しく騒いでいました。いったいなにを根拠にそう言っているのか判りませんが、日本政府が国有化したと騒いでいますが国有化したというのはどういうことかわかっているのでしょうか。日本の個人の一所有者（ちゃんと登記簿に登記された人）から譲渡してもらったということだと思うのですが、日本政府が勝手に自分のものにしたと勘違いしているのではないでしょうか。そこには昔の古い家屋跡もあるでしょうしお墓もあるでしょう。私は思うのですが中国は共産主義国家で報道の自由、言論の自由がありません。政府に都合の悪い報道はしないし政府に批判的なマスコミは存在できないようになっています。したがってデモを操るのも政府が自由に出来るのだと思います。またインターネットでも政府に都合の悪い情報は徹底的に消していく対策がとられています。その作業に数万人の職員がいるように聞いています。

日本はこういう国に過去莫大な資金援助や協力をしてきたはずなのに中国国民にはほとんど知らされてはいないのではないでしょうか。

私は声を大にして言いたいです。報道の自由、言論の自由、表現の自由の無い国には日本国民の貴重な税金をいっさい援助するべきではないと。

○ロシアによる捕虜強制労働致死問題

先日、ロシアで対日戦勝利の記念行事が開かれたと報道されましたが太平洋戦争末期に、敗戦色濃い悲惨な状況の日本は、戦争終結についてソ連をたよって仲介工作をお願いしていたというのはご存じでしょうか？　それをズルズル引き延ばして、結果を待つ日本を全くだまし討ちのごとく、日ソ中立条約？を一方的に踏み破って日本に攻め入り、火事場泥棒のように北方領土を取ってしまったこと。しかもそのうえ何万人もの日本人捕虜を極寒のシベリアに連れてゆき、死の強制労働をさせて数万人が犠牲になったことなど一般国民はもとより若い政治家がどの程度知っているのでしょうか。

日本政府はこれらの事実をもっと国民や世界の人々に知らしめるべきです。ソ連が崩壊して今はロシアとなっていますがまだ本当の民主主義国家とは言えません。現大統領は元ソ連のＫＧＢ（秘密警察）の出身とのことです。

新聞やテレビは実質大統領の息がかかっているし、反政府報道の新聞は発行禁止。

また政府に好ましくない人間は暗殺するなど暗黒恐怖政治が行われているようです。最近ロシア国民に北方領土を日本に返還すべきかどうかをアンケート調査したところ、返すべきでないという人が圧倒的に多かったということですが、これは今まで私が書いた過去の歴史をロシア国民が知らされていないからなのではないでしょうか。それともロシア国民はまだ民度が低いのでしょうか。それに比べてアメリカは占領地沖縄を昭和47年に日本に返還しました。アメリカは民主主義国家であり世論を重視する国です。

ロシアによる戦争捕虜を体験してきた私たちのお父さんやお爺さん達はこの国のしてきたことを決してわすれていません。戦後日本の戦争犯罪を裁く東京裁判がありましたが、これにロシアが、裁く側にいて判決を下したということにあきれて物が言えません。ここであえて書きますが、日本は日露戦争の日本海海戦で大敗したロシア艦隊の沈没船から日本海軍が救助した司令長官ロジェストヴェンスキー提督や大勢のロシア兵を日本に連れてゆき、手厚く治療保護したのちに本国に送り届けたということがありました。日本の東郷平八郎提督は病院にロジェストヴェンスキー提督を見舞いに行ったとの事です。日本にはまだ武士道精神というものがありました。

○南京大虐殺の疑問

日中戦争における日本軍が南京占領時において市民30万人を虐殺したとされる事件ですが、いくつか調べてみると本当に30万人も虐殺があったのだろうかと疑わざるを得ません。大体事件当時中国共産党軍は陝西省延安の山岳地帯にいたとのこと、蔣介石の国民党軍は南京を放棄して逃げた状況の中で一部の人の見聞を中国共産党軍や国民党軍が国威発揚のため大げさに宣伝したものだという気がします。それは戦争ですから敵側とみなされた人たちを処刑したり一部の残虐行為をした兵隊はいたでしょう。しかし日本軍が組織的に30万人という大虐殺をしたというのはどうしても信じられません。いろいろ資料を見ますと東京裁判では軍司令官は絶対にそんなことはしていないと、認めてはいませんでした。

○慰安婦問題

戦後まもない頃お金に困っていたある男が、ある記事を某大手新聞社にもってゆき、なにがしかのお金を貰ったそうです。それは戦時中、日本の軍隊が、泣き叫ぶ大勢の朝鮮人婦女子を強制的に連れてゆき慰安婦とするのを目撃したというものでした。

某大手新聞社は戦前の日本軍隊の横暴を暴くことに正義感をもっていたのでしょう。真実を確かめることなく記事を取り上げて報道しました。しかし後日この記事を売った本人に、ある人が真実かどうか詰問したところ嘘だったと白状したそうです。しかしこの記事は独り歩きして日韓関係にたいへん大きな障害をもたらしました。朝鮮人慰安婦が存在したのは事実です。しかし大勢の日本人慰安婦も職業として一緒に存在していたのです。しかも彼女達はかなり大きな収入も得ていたとのことです。日本政府はこのことはわかっていてもあまり大っぴらには言いません。政治家がうかつに言うと野党に突き上げられて辞任に追い込まれる風潮があるからです。

竹島の問題もそうです。戦後間もないころの韓国の李承晩大統領は地図上に勝手に直線を引き、ここからここまでは韓国の海だとしました。竹島が歴史的にも日本の領土であることははっきりしています。インターネットで日本のホームページで調べれば詳しく書いてあります。李承晩大統領はマッカーサー元帥に対馬も韓国の領土だと訴えたそうですが元帥は、対馬は歴史的にも日本の領土だとはねつけられたとのことです。李承晩は日本の敗戦のドサクサであわよくば対馬も取ろうと考えたようです。

日本軍による南京大虐殺問題や慰安婦問題、ロシアによる捕虜強制労働致死問題などの歴史問題は、関係者がまだいくらか生存しておられるうちに検証委員会なるものを作って調査する必要があるのではないでしょうか。それも早急に。

○政治家と官僚の関係

政治家は官僚に対してもっと強くなければなりません。大臣になったとたん官僚に丸め込まれて同じ穴のムジナになってしまってなにひとつ改革が出来ないようです。

今のように内閣改造がひっきりなしに行われるようでは官僚に強くなれるわけがありません。大臣の任期は少なくとも4年はなければ思うことも出来ないのではないでしょうか。

内閣改造は国民とあまり関係の無いところで選挙の都合、各派閥の都合でやっているように思います。各省庁に右も左も判らない大臣が就任しても官僚の協力なしでは国会答弁も出来ないのではないでしょうか。優秀な官僚を相手に指導権を握って改革するなど思いもよらないことです。何万人もいる各省庁にたった一人二人で乗り込んで改革など出来ないのではないでしょうか。官僚主導型の機構を改革するには大臣になったら癒着を防ぐ意味からも省庁の大臣室などに行かずに優秀な関係政治家が一同に集まる庁舎を作って、そこから官僚を指揮監督するような方策を考えてみるのもひとつの案です。しかしこれはあまりにも極論ですよね。現実には実行不可能でしょう。

日本は官僚天国だといわれています。明治時代、官にあらずんば人にあらずと言われた時期があります。たしかに明治維新以来今日の日本のある意味での繁栄とその基礎を築いてきたのは優秀な官僚の功績だと思いますが、今日ではあまりにも自分たちの権益を守る為に一般庶民の感覚を無視した親方日の丸的考えになってしまっているように思います。

○大臣の問題発言

大臣の失言あるいは本音の発言をマスコミや野党がとらえて大々的に問題化し辞任に追い込むということがよくありますが、発言の内容を見てみると私個人としては決しておかしな事を言っているとは思えないし、むしろよくぞ言ったと思うことが多いのですが。大臣になると本音でものを言ったらいけないのでしょうか。野党もまた辞任に追い込むために全精力を打ち込むなど見ていて悲しくなります。物言えばくちびる寒し……とありますがまさに大臣の今の状況です。本音でものを言わずたてまえだけでものを言ってばかりでは国民はだれを選んでよいのか判りません。政治家が自分の政治思想をもっと本音で話せるような雰囲気をつくっても良いのではないでしょうか。

○政府要人の記者会見で思うこと

いつも思うのですが政府要人の記者会見、どうしてあのように覇気のないしゃべり方をするのか不思議でなりません。ボソボソと小さな声で話しますがこんな人達が一国を担っているという自覚があるのだろうかと誠に頼りなく感じます。自信のなさなのか失言を恐れての事なのか判りませんが国民の前ではもっとハッキリと力強く話して欲しいものです。

○共産主義のジレンマ

共産主義の理想は確かに素晴らしいものです。若い学生はついとりつかれてしまうものがあります。私も学生の頃、一時そういうふうに思ったことがありました。貧乏人も金持ちも無い社会、みんな平等で、教育や医療も無料、みんな楽しく労働にいそしむ、そういう理想の社会をめざしたはずです。しかしこれは人間というものの本質を忘れていたのです。人間にはいろいろな欲があります。怠け心もあります。権力欲、また妬み心もあります。働かざるもの食うべからず、と言っても少しでも要領よくして楽をしたい。また人をみて自分のやっていることが馬鹿らしくなるなど、人間である以上いろいろな感情があります。指導者も民衆を働かせ生産性を高めるために常に気を配らなければなりません。ところがこの指導者も人間です。権力欲などいろいろな欲があります。ひとたび権力を握るとそれを守る為に豹変する人もいます。自分に反対する人を抑圧したり都合の悪い発言や報道、書物などを規制し社会主義の名のもとに国民をかやの外にします。国民を自分たちのいうことに従わせるためには最高指導者を神格化し、国民を常に教育し、引き締め続けなければなりません。旧ソ連や北朝鮮がよい例です。素晴らしい理想をかかげて国を立ち上げたはずなのに現実はどうだったでしょう。理想社会とはおよそかけはなれたものになってしまったのではないでしょうか。人間の心は理屈ではどうにも処理出来ないものがあることを知らなければなりません。

○香港の自由民主化闘争

今、香港の人々は言論の自由、表現の自由を求めて必死にたたかっております。一党独裁の共産党という怪獣に今まさに食べられようとして必死にもがいている一人の人間が目の前におり、大勢の外国人達はそれを見て何とか助けてあげたいと思いますが、その外国人たちのおかげで今や巨万の富を築いた「怪獣」の経済制裁を恐れてただ遠巻きに見ているだけです。「帝国主義とは」をネットで調べてみると、「飽くことなく自国の領土・勢力範囲を広げようとする侵略的傾向、また経済上、国際市場を独占しようとする、資本主義の最終段階」と書かれています。かつては帝国主義反対と高らかに声を上げて叫んできた中国共産党が今や絵にかいたような帝国主義者になっています。

南シナ海南沙諸島暗礁埋め立て問題はフィリピンのすぐそばで大変な事なのになぜ諸外国は放置しているのでしょうか。海の中であっても中国の大陸棚の範囲内だから我が国の領土だなどと勝手な理屈をつけて埋め立て、なんとも恥知らずな国家です。

中国共産党員の中にはそういう良識を持った人はいないのでしょうか。あるいはそういう人も自由に発言しにくい状況なのでしょうか。共産主義国家の恐ろしさです。

私は世界の自由主義国家の方々に提案します。内政干渉だなどと言われることを恐れず、中国に一党独裁をやめさせ複数政党による自由な国家建設を目指すことを提案してください。放置すれば明日は我が身です。中国は、沖縄も日本の領土ではないなどと言う人が出てきています。

○教育問題

毎日のように凶悪な事件や悲惨な事件が新聞、テレビで報じられていますが今のこの社会の荒廃は一体何が原因でしょうか。いろいろな評論家やコメンテーターが意見を述べていますが的を射た意見が無いように思います。私は全ての原因は学校教育にあると思います。もちろん家庭教育が最も大切ですが、それを教育すべき親が社会問題や道徳教育などを受けていない世代になっている現在ではどうしようもない状況にあります。

私が子供の頃「道徳教育反対」などという団体があったように記憶していますがなぜ反対なのか子供心に疑問を感じたものです。敗戦で大きな痛手を負った人たちが国家教育の良いことも悪いことも、全てを否定してきた結果が今の状況ではないかと思います。ろくに道徳教育を受けていない人達が大人になりそして今その子供たちや孫の時代になりつつあります。最近になって道徳教育が復活したように聞いていますが、今すぐ始めてもその効果が社会に反映されるには何年もかかります。私の小学校の時の先生が授業中に「人を一人殺せば原則として死刑ですよ」とおっしゃったことを鮮明に記憶していますが何が罪でどんなことをしたら社会に大きな迷惑をかけるのか、具体的にどんな罰を受けるのか徹底的に教え込む必要があります。幼少年期の徹底教育というものはかなり効果があるのではないでしょうか。算数や国語、理科、社会などと同じくらい時間をさいて道徳教育をする必要があると思います。その効果が出て、よい社会になるには何十年もかかると思いますが是非やらなければなりません。

私たちの時代は先生とはとても怖いものでした。悪いことをしたら叩かれるものでした。今はあまりにも親やマスコミがうるさくなって体罰を加えようものならすぐ新聞沙汰になります。今では生徒が先生に暴力をふるい不良少年は授業もぶち壊したりしてやりたい放題です。先生は悲惨な状況におかれているのではないでしょうか。私は反対意見を覚悟して申し上げますが、ある程度の軽い痛くない体罰は必要なことだと思っています。痛くなくても子供は叱られたという事を十分に感じるものだと思います。ただし体罰を加える側の先生には徹底した基本原則を教え込む必要があります。たとえば体罰を加えるとき決して自分が激昂してはならないとか、怒ることと叱ることの違いだとか、あくまでも自分の子供に対するようにしなければなりません。一般的に実の親は自分の子供には決して怪我をするような体罰は加えないものだからです。

○情操教育

最近の学校で教える音楽の教科書を見て思うのですが日本の原風景を歌った文部省唱歌なるものが非常に少なくなっていますね。私たちはそのような音楽をたくさん習って成長してきました。大人になってもそのような歌を聴いたり歌ったりすると懐かしくてつい涙が出そうになります。今の子供達とは時代が違うのだと言われればそれまでですが、本当にそれでよいのでしょうかね？

○犯罪と法律

日本はどうしてこんなに犯罪の多い国になってしまったのでしょうか。

私は現在の裁判の有り様をみていつも思うのですがいまの法律は犯罪者に対する刑罰があまりにも軽すぎます。人を殺したり、傷つけたり、人をだましたりして金を奪い取ったり、他人に大きな迷惑をかけたりなど、悪質な者は厳罰に処するべきです。

自分が被害にあった時のことを考えてみてください。最近では被害者の人権より加害者の人権に配慮することが多いようですがどうも私には理解し難いものがあります。

犯罪者の再犯率を考慮すれば、極端に言えば常習犯は二度と社会に出てこられないようにするべきだと思います。

○詐欺事件

最近電話による年寄りを狙った詐欺事件が多発しておりますが、もう何年にもなるのに、なぜ厳罰化する法律ができないのでしょうか。だまされるほうが悪いという考えでしょうか。詐欺グループはあの手この手で人をだましてきます。年寄りが何年も汗水たらして働いたお金を、人の弱みに付け込んだ手口で奪い取ります。こういう卑劣な犯罪者は徹底的に捕まえて厳罰にするべきです。私はこの手の犯罪がどういう量刑になっているか知りませんが、今の日本の法律の在り方から推測すればおそらく被害者の思っているよりかなり軽い刑でしょう。おそらく詐欺集団はゲーム感覚でいろいろなストーリーを考えてきます。お金を奪われた人にしてみたらおそらく汗水たらして貯めたお金はかえってこないだろうし死刑にしても飽き足らないぐらいの気持ちだと思います。どうか1日も早い厳しい法律を作ってください。

○取り調べの可視化問題

取り調べの可視化を叫ぶ人達がいますが本当にそれでよいのでしょうか（既に法制化されてしまった?）。取り調べをする刑事の長年の勘というものは評価すべきだと思っていますが、過去の凶悪犯罪で何日もかかってようやく全面自供に追い込んだ事件もたくさんあるとおもいます。ずる賢い犯人とぎりぎりのところで対決している刑事にとってはこの可視化は大きなプレッシャーとなり逆に犯人にとっては非常に有利となり、最後まで知らぬ存ぜぬで通すことも可能になります。凶悪犯にとっては自供すれば死刑になるかもしれないと思えば必死の勝負です。取り調べの可視化が現実になればおそらく迷宮入り事件が大幅に増えることになるでしょう。

○外国人の犯罪

以前、外国人指紋押捺反対などと叫ぶ人達がいましたが、今外国人が大勢日本に流入してきて悪質な犯罪を重ねて困っています。ここでも日本の刑罰はあまいといわざるを得ません。私は外国人に限らず日本人も指紋登録を義務化したらと思いますが、これもまた個人情報だ人権侵害だなどと猛烈に反対する人が多いのでしょうね。警察は人手が足りず検挙率が大幅に落ちています。自由だ、人権だ平等だと声高らかに叫ぶ人達は、度が過ぎると国家を滅ぼしてしまいます。まずわけの分からない外国人は入国出来ないように全力をあげるべきです。

○日本の刑法の軽さ

日本の刑法は軽すぎるのではないでしょうか。日本では覚せい剤などの麻薬が暴力団などの暗躍で驚くほどの速さで国民に広がっているのではないかという気がします。彼らの手口は最初のうちは気持ち良くなるからとただであげます。そのうち相手が中毒になってくると法外な値段で売りつけるようになります。中毒者はそのお金を得るために悪いことでも何でもするようになります。暴力団の言いなりになります。若い女の子など本当に悲惨なものです。

外国では麻薬密売犯は死刑にするところもあります。刑の軽い日本は外国の密売業者にとっても絶好の国です。放置すれば日本は大変な国になります。犯罪は増える、捕まっても刑は軽い、そして軽減されてすぐ釈放される。こんなことでよいのでしょうか。

それともう一つ。そういう犯罪者を捕まえて刑務所に入れるにしても施設がいっぱいになれば新たにまた刑務所を建設しなければならない、そのために職員を増やさなければなりませんし、彼らに食事も提供しなければならないなど犯罪者のために国家や国民は大変な負担を強いられるのです。一刻も早く手を打ってください。お願いします。

○犯罪の検挙率

世界的にも犯罪の検挙率は良い方だとのことですが、これは日本の警察の方々が優秀で頑張っておられるからだと思います。監視カメラの普及も大きく貢献していると思います。

これにもっと予算をかけて日本全国どんな田舎道でもこれの設置をできないものでしょうか。日本全国たいていの田舎道にも水道管が敷設されているように……。維持管理の問題はありましょうが、何年かかろうともやってほしいものです。凶悪な犯罪が迷宮入りになるのは何としても許されるものではなく、まことに残念です。

日本を人々が安心して住める素敵な国にしたいものです。

○児童虐待死問題

最近幼い児童が親の虐待を受けて死亡するという痛ましい事件が後を絶ちません。児童相談所や市役所は、はっきり言って怠慢です。事なかれ主義で面倒なことはしたくない、もっと自分の子供に対するように愛情をもって対処してほしいと思います。

私はこのような事件が増えた一番の原因は若い夫婦の離婚が遠因となっているような気がします。昔と違って女性は働いて生活が出来るようになると、いとも簡単に離婚するようになりました。そこまではまだよいのですが、子供を連れた母親が今度は男を作って結婚または同居するようになります。男は女に気にいってもらおうと最初は子供をかわいがります。ところが一緒に住むようになるとしつけと称して叩くようになります。男にしてみたら前の男との間にできた子供にはあまり良い感情は持たないのではないでしょうか（中には心から優しい男の人もいるでしょうが）。しつけと称して叩くのは実の親でも叩きますが、実の親は叩くでも手加減をします。ところが実の親でない男は手加減しません。これは当の本人も気付いていないと思いますが心の奥底に別の男を感じているのです。また、もしかしたら実の子となっていても父親がそのように思ってなく、疑いを持っているということもまれにあるかもしれません。

私は行政当局に提案します。

子供連れの再婚届を受けたら子供を守るべき実の親の方に今述べてきたことを面談で、はっきりと事前教育？の場を設けてほしいと思います。もう一つ、児童虐待事件で検挙した場合、あまりにも残酷な虐待事件の場合は仮に実の子供となっていてもそれを再検証してみる必要があります。実の親は幼い子供にそんな残酷なことはできないはずだからです。

○国家賠償裁判

国家や地方行政機関を相手取った裁判で、負けた国側などが莫大な損害賠償金や慰謝料の支払いを命じられる判決が下されることがあります。それはそれで仕方ないことかもしれませんが、問題はマスコミなどの拍手喝采を思わせるような姿勢です。

莫大な損害賠償金や慰謝料の支払いは国民の税金から支払われることを思えば大変なことではないでしょうか。国と一般国民とは全く別のものと錯覚しているのではないかと思ってしまいます。判決を下す裁判官にマスコミに迎合した感覚は無いとおもいますが、国民の血税から支払われるという、ある意味で国民のお金を預かっているという感覚を少しはもって欲しいと考えるのは私の間違いでしょうか。

○国防問題

国民の一部の人達には自衛隊などいらない、駐留アメリカ軍は出てゆけ、自由だ、平和だ、人権だなどと声高らかに叫ぶ人達がいますが戦争など絶対にしてはいけないことは判りきったことです。どんなことがあっても絶対に戦争は避けなければなりません。しかし悲しいかな人間あるいは国家の業というか本質というか、相手が弱いとみると、居丈高になるのです。そしてあらゆる無理難題を要求してきます。如何にすれば戦争の無い平和で自由な社会を守れるかということを考えなければなりません。残念ながら今の世界情勢ではまだまだ自衛のための軍隊を捨てるわけにはいきません。

インカ帝国の国王は1533年、だまされてわずか200人程度のスペイン軍によって滅ぼされました。そのせいで南米は今でもほとんどが公用語はスペイン語です。インカ帝国も数万人の軍隊を持っていたとの事です。国民性でしょうか。あまりにも人が良すぎて人を疑うことを知らなかったのでしょうか。

いま日本が理想ばかり掲げて国防をおろそかにしたら強力な武器（核兵器を含む）

を持った海賊や国際常識が通用しない独裁国家などに滅ぼされる可能性もあります。数十万トンの巨大なタンカーが、小船に乗ったわずか数名の武器をもった海賊に乗っ取られることと同じです。公用語もその国の言葉を強制されるかもしれません。きれいごとばかり並べ立てている人たちは国家を滅ぼすことになりかねません。日本は強くて優しい国になりたいものです。国際紛争は国連に訴えて解決すればよいではないかと言うかもしれませんが、現在の国際社会は紛争問題や環境問題など弱い国の発言力は全く効果がありません。過去の歴史が証明しています。自由主義社会と、かたや共産主義・独裁主義国家は今でも対立しています。北朝鮮の核開発問題も国連で経済制裁を決めてもロシアや中国は裏で応援しています。どんなに悪い国家でも、国連で制裁しようとしても必ずそれに反対する国家があります。過去の歴史で言うと戦争を仕掛けるのは独裁国家です。

旧日本軍の軍国主義者やドイツのヒトラー、イタリアのムッソリーニ、そのほか近代の独裁者たち（イラクに侵攻したフセインなど）、独裁者ひとりの考えで戦争を引き起こせるのです。そして他国を支配下に収めるのは何といっても自国民を熱狂させ圧倒的支持を受けやすいのです。しかも自分にとって都合の悪いことは国民にひたすら隠すために、報道の自由、言論の自由がありません。国民のブレーキ作用が全くないのです。

再度言います。私は、戦争は絶対どんなことがあっても避けなければいけないないと思っています。しかし、たとえばですね、ある時、尖閣諸島に中国の武装した漁民（最初はいきなり共産軍は投入しないであろう？）が多数上陸して島を占拠したとします。日本政府も海上自衛隊ではなく海上保安庁しか現状では投入しきれないでしょう。最初のうちはスピーカーなどで退去しなさいと呼びかける事しか出来ないでしょう。日本政府も中国政府に再三厳重抗議しますが、なんだかんだ言って真剣に取り合わず逆に日本政府の落ち度を批判してくるかもしれません。漁民はすべてを無視して居座り、島に漁猟の拠点つくりのために家や港をつくり始めたとします。その段階に入っても日本は海上自衛隊を投入できるのでしょうか。仮に投入して島に上陸作戦を決行しようとすれば相手も反撃してお互いに死傷者が出ます。そうなるともう共産党軍も投入されて戦争になります。

日本の憲法改悪反対と叫んでいる人たちはこのような状況になった時なんと言うのでしょうか。私はその方たちの対処法を真剣にお尋ねしたい。日本は戦争が出来ない憲法だから、まずは危険な上陸作戦は同盟国アメリカにしてもらいなさいと言うのでしょうか。しかしアメリカも日本国がまず表に立って守ろうとしなければ助けてはくれませんよ。それと国連に訴えて助けてもらいなさいと言うのでしょうか。前述したように国連の常任理事国には中国やロシアも入っております。紛争の解決は期待できません。解決が長引けば彼らが作った施設が既成事実となってついに尖閣諸島は中国のものとなってしまうでしょう。竹島と同じ状況になって、日本は負け犬の遠吠えで、返せ、返せと言い続ける事でしょう。歴史は強い権力者や悪い人間によって作られ正当化されます。そら恐ろしいことです。

日本の領土でありながらなぜ島に上陸することや施設などを作ることをためらっているのでしょうか。これで実効支配していると言えるのでしょうか。中国との密約があるのでしょうか。しかし密約があったとしても中国は共産主義国家です。時期がくれば平気で取りに来ますよ。

私は次の事を提案します。

その1

昔、島には桟橋や船着き場があり、鰹節工場や貯水池があった事。最盛期には民家99戸、248人が住んでいた事、灯台も2カ所ある事など出来るだけ写真を集めてチラシ、パンフレットなどで公表してください。

特に鰹節工場の前で大勢の従業員が写っている写真は国内外の人々に大きなインパクトを与えます。どうして日本政府は今までこのような事をもっと積極的にやらなかったのでしょうかね？　インターネットでいくら公表しても一部の人しか見ていないですよ。まして中国人などはほとんど見ないし仮に中国語で公表しても都合の悪いことは中国共産党は国民に見せないように消していますから……（消されないかもしれませんが？）。

しかし何らかの方法で中国国民に視覚的に知らしめる必要があります。

その2

次に政府は元居住者の遺族や関係者またはそこで長く作業されていた方々の関係者などを出来るだけ捜し集めて大々的に墓参りなどを実施してください。事前に情報が漏れると中国に妨害される可能性がありますのでなるべくはマスコミにも漏れないように事後公表（映像入りで）した方が良いと思います。

そうすることによって日本の領土だったことを中国国民にアピール出来ます。

その3

少なくとも常駐する人を4〜5人でも置いてください。

これによって島が中国にとられるリスクはかなり減ると思います。

人の住んでいる家は泥棒も入ることをためらうのと一緒です。

○太平洋戦争について思うこと

戦争を引き起こした一番の原因は統帥権が政府になく軍部の独走を許してしまったことだと思いますがこの戦争を客観的にみて、たとえ話にするならば、「身体は小さいくせに自分は強い人間だと思いあがった人間がいて彼は自分が豊かに生きてゆくために身体の大きな人間と交渉をしていました。しかしこの身体の大きい人間はかねてから相手の人間の他人に対する数々の悪事を快く思っていなかったので居丈高な態度で相手の要求をにべも無くつっぱねていました。ついにこの小さく貧しい身のほど知らずの男は相手より先に手を出してしまい、なぐりあいの喧嘩になりました。最初のうちは小さな男も対等にやりあっていましたが喧嘩の結果は見えていました。この小さな男はやがて体力を消耗して力つきてしまいました。身体の大きな男は虫の息の男を徹底的に痛めつけ、そしてこの男の守っている大勢の女子供達まで無差別に殺傷しました。負けた男はなんとか一命を取り止め元気になりましたが、その後この大きな男の彼女のように従順に付き従って生きていくようになりました」。

以上が私が感じた、たとえ話です。私はいまさらなにが言いたいかというと制海権も制空権もなくなった国になぜ原子爆弾など使って何十万人もの一般人を殺傷しなければならないのかということです。アメリカは戦争を早く終わらせる為と正当化していますがとても許せることではありません。真珠湾攻撃は軍事施設を攻撃して初期の戦いを有利にしようとしたものです。ただ残念なことは日本の大使館で宣戦布告文書の翻訳に手間取ってアメリカに通告するのがほんの数時間遅れたことです。これがアメリカを猛烈におこらせ、日本を憎むべき卑怯な国にしてしまいました。アメリカは制海権も制空権も握った後、日本全国の一般人を無差別に爆撃し殺傷しました。そこまでしなくても海上封鎖などしていけば日本は遠からず自滅し降伏したと思います。

アメリカは東京裁判で被告人達を人道に対する罪で絞首刑にしましたが、一般人を原子爆弾で大量に殺戮したアメリカはもっと大きな人道に対する大きな罪を犯しています。どんなに正当化しようとしても出来るものではありません。しかし前述のごとく戦争は勝った国によって正当化され歴史が作られていくのです。

○軍事的国際貢献

世界の全ての国が武器をすてて平和な社会をめざしていれば理想的なのでしょうが、悲しいかな現実はそのような状況にはありません。国家間の外交交渉というものは相手が弱いとみたら居丈高になって無理難題を要求するものではないでしょうか。過去の歴史がそれを物語っています。いくら綺麗ごとをいってもそれが人間なのです。国際社会での発言力も武力の強い国が重きをなしているのが現実です。国際紛争解決に日本がいくら努力しようとしても全く相手にされないでしょう。今のように軍事協力はいっさいしない、イラク軍がクウェートに侵攻した時がそうでした。戦争終結後クウェートがイラク軍をやっつけるために協力してくれた国々に感謝の広告を出しましたが莫大な拠出金を出した日本はその名前すら挙げられていませんでした。金は出しても血は流したくないという姿勢では他の国からは決して尊敬されないでしょう。海外派兵反対、アメリカ軍は出て行け、自衛隊は憲法違反だなどと叫ぶ人達は日本が強力な破壊兵器を持った外国から威圧的な外交要求を受けたり攻撃を受けたときはどう言うのでしょう。

その時になって、安保条約があるからアメリカに助けてもらえと言うのでしょうか。しかし世界の警察を自認するアメリカだってどう変わるのか分かりません。アメリカの国内情勢や世界情勢によって大きく変わる可能性もあります。

出来れば自分の国は自分で守れるだけの軍事力は持つべきです。

○北朝鮮のミサイル発射について

日本をはじめ世界のあらゆる国が抗議する中、人工衛星と称するミサイルが発射されています。また核実験もしました。これは日本にとって大変な脅威です。強力な武器を背景にいずれ日本に無理難題を持ちかけてくるでしょう。仮に日本がそれを拒否した場合日本のどこかの都市に核弾頭ミサイルを撃ち込まれ何十万の市民が死亡し、要求をのまなければ第2弾を撃ち込むぞと脅された時、日本は今の憲法ではそれを確実に阻止することも出来ません。今、まさに敵基地から強力な第2弾ミサイルが発射されようとしていると分かっていても今の憲法ではそこを攻撃して阻止することは出来ないのです。日本政府は右往左往するばかりでしょう。そのときになってあわてて憲法改正をしようとしても遅いのではないでしょうか。結局は国民の命が大事だとか人命は地球より重いとか言って全面降伏をせざるを得ません。すると占領軍が入ってきて相手の要求は、思うがままです。昔から日本を憎んでいる国や民度の低い国であれば莫大な賠償金や、日本文化の廃棄、公用語（相手国）の押し付けなどされる可能性もあります。そうなると日本国はもう滅んだも同じです。

○憲法改正について

私は憲法を改正して積極的に国の防衛と世界平和に貢献できるようにするべきだと思っています。憲法改正は政治家にとってタブー視される傾向にあるようですが勇気をもって堂々と実行してゆく政治家が出てくることを期待したいと思います。

再度言っておきます。

私は好戦主義者ではありません。平和愛好者です。戦争をなにより憎みどんなことがあっても戦争はしてはいけないと思っています。

しかし北朝鮮のような危険な国がある以上それに対する対策や法の整備を急ぐ必要があるのではないでしょうか。中国やロシアのように北朝鮮を擁護するような国がある以上国連が頼りにならないのは明白です。これはうがった見方かもしれませんがロシアや中国は北朝鮮をけしかけて、まず核ミサイルによるアメリカへの先制攻撃をさせアメリカの大混乱を見計らってアメリカに戦争をしかけるまたは無理難題を要求するという事を考えているのではないでしょうか。過去の世界の歴史をみても判るように、力こそが全てを正当化してきています。力の無い者の発言は歯牙にもかけないのです。私は再度言います。理想論やきれいごとばかり言っている人達はいずれ国家を破滅させるでしょう。世界平和という高い木の上の素敵な果実を梯子なしで取ろうとして叫んでいるのと同じです。まだまだ今の世界情勢は残念ながら理想が通用しないのです。

○国際問題（内政干渉がなぜ悪い？）

中国やロシア北朝鮮などは他の国から批判を受けるとすぐ内政干渉だと胸を張って言います。しかし内政干渉がなぜ悪いと私は言いたい。なぜなら過去の歴史を振り返ってみると独裁国家というのはとても危険です。

言論の自由、報道の自由、表現の自由を抑圧し、反体制派や気にいらない者は逮捕したり、容赦なく処刑または暗殺されます。独裁者は都合の悪いことは国民にひた隠しにして、国民の拍手喝采を浴びようと他国の利権を犯し戦争を引き起こすことも可能です。世論操作も可能です。

自由主義国家では常に国民の世論を大切にしますし良識ある人たちのブレーキ作用があります。

世界平和のための内政干渉がなぜ悪いと私は言いたい。

○世界の紛争国家

世界にはいまだに平和とは程遠い紛争国家がいくつかあります。そのために住民は大変残虐な死と貧困に苦しめられています。アルカイダやイスラム国などのテロ集団は罪のない人たちを大勢殺傷して一体どのような理論で正当化出来るのでしょうか。私が疑問に思っているのはこれらの反政府勢力や武装勢力などは一体どのようにしてその大量の武器や弾薬を手にいれているのかという事です。私が思うには死の商人と呼んでもいいような悪徳企業或いは悪徳国家が存在していて武器を売るために積極的に紛争の火付け役として暗躍しているのではないかという事です。このようなことは国連で取り上げて徹底的に糾弾すべきです。

○アフリカのソマリア沖海賊に対する自衛隊派遣について

政府は自国の艦船を海賊から守るため自衛艦船を派遣しましたが武器使用に関して

は法律にがんじがらめにされて行っています。たとえば海賊を発見してもただちに攻撃は出来ないことはもちろんつかまえることもいけない。外国船を助けることにも問題があるとかまったく馬鹿げています。マスコミがまたすぐそれを問題視してとりあげます。

以前、国際貢献で派遣された自衛隊が、自分たちで身を守るため銃を使用することが許されずに国連軍にまもってもらわなければならない、というまことに情けない状況がありました。

憲法が出来た時代を考えるとグローバル化した現代とは明らかに世界は変わってきています。真に日本のため、いや世界のことを思うならば勇気をもって憲法改正に踏み切るべきです。

○政府は憲法改正の必要性に関して、周知への努力が全く足りない

政府はなぜ憲法改正が必要なのか。具体的にいろいろな状況を列挙して国民に説明

するという努力が全く足りません。国民にしっかり勉強していただいて機が熟してからでないと今のままの状況で国民投票をしたら反対多数で否決されるのは目に見えています。

野党は国会で「戦争が出来る法案」などと表現し無知な国民に誤解を与えています。一度否決されると再度国民投票するのはかなり遠ざかる事でしょう。

○環境問題と世界国家の樹立

私は今のままだといずれ地球の環境破壊によって人間は滅亡してしまうのではないかと思っています。まさかそれは大げさだろうと言う人がいるでしょうが、いろいろな汚染物質が、ある一定の限度を超えると人間は急激にバタバタと死んでゆくのではないかという気がしてなりません。いまやっと世界各国は環境問題に取り組みつつありますがそれぞれの国の思惑があって足並みがなかなかそろいません。

先日テレビを見ていたら中国の黄河にどす黒い工場排水が相当量流されていて川の

色が真っ黒になっており、解説者が「このままでは黄河は大変なことになります」と言っていましたが黄河どころではありません。地球が大変なことになるのです。中国やインドなど相当数の発展途上国はおそらく排水処理などほとんどすることなく垂れ流していることでしょう。今こうしている間にも地球の海に大量の汚水が流されているかと思うと、そら恐ろしい気がします。

いくら特定の国だけが一生懸命環境問題に取り組んでも平気で汚染物質を排出する国があれば効果は期待できません。環境対策はもう一刻の猶予もないところまできているのではないでしょうか。環境問題や戦争のない平和な地球を築くには、国連よりもっと、一歩進めて強力な世界国家を作るべきだと思っています。現在のようにただ世界の国々が集まって問題解決しようとしてもそれぞれの国の利害と思惑があってなにひとつ解決できないのが実情です。強力な権限を持った世界国家を早急に立ち上げて全ての国を取り締まる必要があるとおもいます。それにはアメリカ、ロシア、中国などの軍事大国が積極的に協力してくれなければ不可能なことかもしれません。

○車とガソリンについて思うこと

30年ほど前と現在の物価と比べたとき、各種企業の熾烈な値下げ競争によってそれほど大きな物価上昇は無いように思いますが、どういうわけか車だけは年々高くなっています。

車にはメーカー間の競争はあまりないように思います。これは邪推かも知れませんがメーカーの株をお互い持ち合って裏でつながっているのではないかと思います。それに車のメーカーが増えないのはなぜでしょうか。国によるいろいろな規制が厳しすぎて新たに事業参入が難しいのでしょうか。国民が生活苦のなかで少しでも安いお店を求めて買い物をしている状況の中で、車だけは高い値段で買うことを強いられているような気がしてなりません。それともうひとつ、車の車検制度ですが車を購入して最初は3年目に車検を受けますがその後は2年ごとに受けなければなりません。この費用は結構高く、庶民にとって大変な負担です。車を早く買い換えざるを得ないようにしむけられているような気がしてなりません。現在日本の車はとても優秀で10年や

15年は充分乗れると思いますし、その証拠に日本の中古車が海外にどんどん売れていることを見ますと車のローン返済であえぐ国民が、もう少し楽になるような制度は出来ないものでしょうか。

次にガソリンの高騰についてですが一般庶民はもちろんすべての企業にとって燃料の高騰は大きな痛手であり物価上昇の元凶です。一体国は石油に代わるエネルギーを本気で考えているのでしょうか。三十数年前のオイルショックで懲りたはずなのにいまだに石油依存の状況では国の怠慢としか思えません。

○医療問題

高齢化社会になって国の医療費が年々増大しておりますが国家財政に大きな負担となっております。ただ思うにたとえば風邪などで病院に行くと薬を山ほどもらうことがありますが、私などなるべく薬を飲まないようにしている者には大量に薬があまって捨ててしまうことが多いです。年寄りなど時間で忠実に飲む人も多いですがそれでも毎日、日課のように病院に行く人がおりますがそういう方の薬の入った容器などには飲まなくなった薬が山ほど残っています。

医療費を節約するためにどうにかならないものでしょうか。

人間は自分の健康問題には真剣であると同時に弱みがあります。それだけにこの問題にメスをいれるにはいろいろな人達から猛反発があると思いますが、このままでは国家財政が破綻し国民はもっと悲惨な状況に追い込まれると思います。

次に最先端医療についてですが癌をはじめいろいろな病気の治療法を研究して、めざましい進歩をとげていらっしゃる先生方が多いです。従来は大変な手術をしなければいけなかった病気がたいして切開することなく治すことが出来たりあるいは全く違った方法で治したりする先生がおられます。患者にとっては神様のような存在です。しかし不思議なことに新しい治療法は国民健康保険がきかないものが多いような気がします。従来のように大変な手術をして患者も何日も入院しなければならないような治療法は健康保険が適用されるのに、それこそ一日あるいは日帰りも可能な治療法に保険が適用されなかったりするのはなぜなのかよくわかりません。

厚生省の考え方もあるのかもしれませんがもっと前向きな検討をして欲しいものです。

○交通事故対策

私が沖縄県に旅をしたとき地元の同乗者から聞いた話ですが、沖縄では他の車に対する警笛を聞くことが非常に少ないそうです。これは県民性によるものかも知れませんが、いずれにしても重大な交通事故の原因はスピードの出しすぎが大半ではないでしょうか。運転中やたら警笛を鳴らしたりスピードを出したりする人は性格に問題があるような気がします。免許取得時に性格検査をしてなんらかの制限あるいは教育をほどこす必要があると思います。

○「車間距離違反」の罰則を作ってください

毎日のように悲惨な交通事故のニュースが伝えられていますが、最近悪質なあおり運転が問題になっています。私もされた経験はありますが、ひどいあおり運転などは論外ですが、車間距離を取らないドライバーがいかに多いことでしょう。私も極端にゆっくり走っているつもりはなく、大体制限速度を少し超える程度の許容範囲ぐらいで走っているつもりですが、それでも早く行けと言わんばかりに後ろにピタッとつけて運転する人の何と多いことか。最初のころは自分の車のスピードメーターがおかしいのかなと思っていましたが、車を何台か乗り換えてみてそうでないことがわかりました。一体自動車学校でどのような教育をしているのだろうかと思います。私も適正な車間距離は習った記憶はありませんがその後、何かの本でたとえば時速50キロで走っているときは50メートルの車間距離をとると読んだような気がします。しかし意外とこの問題を知らない人が多いような気がします。現在適正な車間距離は示されているのでしょうか？

車間距離違反の罰則を早急に作って取り締まりをしていただきたいと思います。それがないから平気で車をピタリとつけたりあおったりすることに罪悪感がないのだと思います。

東京などにおられる方はあまり運転をすることが多くないでしょうからわからないと思いますが、ふつうに走っていても早く行けと言わんばかりに後ろにピタリとつけて運転する人の何と多いことか。いつも不快な気持ちになります。

運転の仕方によってその人の性格が判るといいますが私もそれは同感で、ある程度は判るような気がします。ハンドルを握ると人が変わったように、他の車に対して手厳しく怒る人もいますし制限速度など全く配慮しない人もいます。中には制限速度を守って走っている人に対して追い越しざま悪口雑言を浴びせる人もいます。

これも前述の通り人間の種類と大いに関係があるような気がします。

この研究が進めば免許を出すときの参考資料にするというのはいかがでしょう。

○覆面パトカーを大幅に増やしてください

交通事故やあおり運転問題に対して、私は警察当局に対して提案致します。警察の覆面パトカー（車種をいろいろ変えて）を大幅に増やしてほしいと思います。

そうする事によって悪質なドライバーにとっては常に後ろの車が覆面パトカーではないかと思い、監視されているような気がして無茶な運転は大幅に減るという気がします。少ない取り締まり官やパトカーを何倍も多く見せるための効果的な方法だと思いますが如何でしょう。あおり運転を取り締まるためにヘリコプターを使って監視するなど、経費的にも効率的にもあまり良い方法ではないと思います。

○自転車にも講習免許制度を

次に車対自転車の事故も多いようですがこれは私にいわせれば当然の結果だと思います。なぜなら一方はむずかしい交通法規をたたきこまれてやっと免許を取得して走っているのにもう一方は交通法規など全く無視して自由に走りまわっているので事故がおきて当然です。特に子供や老人は本当に危険です。私は思うのですが子供であっても自転車に乗り始める時には簡単な講習およびテストをほどこすようにすれば事故は大幅に少なくなると思います。またそうすることによって歩行時の飛び出し事故なども少なくなるのではないでしょうか。

次に若者による集団暴走行為です。よくテレビで見ますが、取り締まりのパトカーをあざ笑うかのような挑発行為等まったく見ていて腹がたつものです。こういう者にはもっと罰則を強化するべきです。またパトカーに追いかけられて、逃げ回って死亡事故になったりすることもありますが、死亡した若者の親が、息子が死んだのは追いかけた警官が悪いと訴えを起こしたことがありましたがこれなど全くあきれてものが言えません。交通取り締まりでは善良な一般市民でも、ちょっとした勘違いあるいは交通標識の見落としなどで罰金を払わされることがありますが、そのような取り締まりよりも、悪質な暴走行為の取り締まりに力を入れて欲しいものです。交通取り締まりの警官は善良な市民から罰金を取ることよりも、悪質な者と、交通標識を見落としたり勘違いして違反運転してしまった善良な運転者との見極めがあって欲しいものです。

○原子力発電について

私は原子力発電は安全対策が十分であれば大いに利用すべきと思っていました。ところが福島の事故で、いとも簡単に安全神話がくずれてしまいました。原子力は一度稼動し始めると、仮に一時停止してもずっと冷やし続けなければならないということを初めて知りました。今回は自然災害が原因で大変な事故になってしまいましたが自然災害以上に起こりうる事、それはテロ攻撃または外国からの攻撃です。その気になればテロ集団を数名日本に送り込むか或いは小型潜水艦で攻撃することができます。これが行われると日本は悲惨な状況になり、ましてや同時多発的に全国の原子力発電所が攻撃されたら想像を絶する結果になることでしょう。今全国で原子力発電所の再稼動の問題でたいへんもめています。しかし地震や津波などの自然災害に重点を置いた安全対策を問題にしていますが、テロや外国からの攻撃がもっとも危険でこれははっきり言って防ぎようがないのではないでしょうか。配管一本或いは電気関係の配線一本破壊されただけでその原因がわからずそれを探すうちに或いは修理に間に合わず爆発という結果になるのではないでしょうか。再稼動反対と言いますが再稼働しようがすまいがすでに火をつけてしまっているものは安全ではないのではないでしょうか（私は詳しい事は判りませんが）。

原子力発電は即刻全面廃止するという方向で考えるべきです。日本にはまだまだ使われていない広い土地や山がたくさんあります。そして海もあります。太陽光などの自然エネルギーの活用を考えたらいかがでしょうか。

このままではいずれ日本は、いや地球は人間が住めなくなるかまたは人類滅亡への道を進むことになるでしょう。じつに愚かなことです。英断を下す政治家が出てくることを期待します。多少経済が落ち込んで貧しくなったとしても環境保護のためにはひとびとはそれに耐えるべきです。

○景気対策

私の身近にいる人から聞いた話ですが、ある人が石油などあまり使わずに動力をおこす電気的油圧装置を考案したらしいのですが、それは、1の入力に対して理論的には7の出力が可能であり、実験では3・5の出力までは確認されたそうです。しかし3・5であっても大変な発明のような気がします。これに複数の発電機を連動すればあらゆる機械に応用出来るのではと思います。私はこの話の真偽のほどは判りませんが、ためしに特許庁のホームページで検索してみましたら確かに特許登録されていました。これが実用化すれば世界的にも大変なエネルギー革命になると思います。しかもこれは車だけに限らず船、発電などあらゆるものに応用できるとのことです。しかしこれが考案されてから何年にもなるのにいっこうに日の目を見ないのはなぜでしょうか。これは考案者が世に出すすべを知らないということもあるのかも知れませんが国の怠慢や自動車業界の消極性、あるいはうがった見方をすれば石油業界の国に対する圧力があるのかも知れません。国によるエネルギー研究がいっこうに進まないのは石油業界の強力な圧力が働いていると考えるのは私の邪推でしょうか。しかしいずれにしても国は業界の圧力があろうと無かろうと石油に頼らない環境にやさしいエネルギーの研究をもっと積極的にやるべきです。

○定額給付金について思うこと

もうだいぶ以前の事になりますが政府は景気対策として国民全体にお金を支給しましたが、これは景気対策としてはあまり効果の無いむなしい方法だと思います。しかもその総額が2兆円というとてつもない金額で国民の税金から払われる事を思えば本当に胸が痛いです。景気対策としてなぜむなしいかと申しますと、まるで花火のようにパッと打ち上げてパッと消えてしまう性格のものだと思うからです。この2兆円のつけは必ず国民にはねかえってきます。親が築いた財産を金銭感覚のない放蕩息子がお金を湯水のように使ってついに破産倒産する状態とよく似ています。いずれ日本の国家財政は破綻するでしょう。

私は定額給付金のようにこれだけのお金をつぎこむのであれば次のことを提案します。

○発明省なるものを作ってください

発明省のようなものを作ってあらゆる新製品を研究開発したら良いのではないかと思います。たとえば車（既に電気自動車が製作されつつありますが）や船などの動力の研究など、いつまでも石油に頼らずに機械を動かす方法が実用化出来れば既存の製品の一斉作り変えが始まり市場は大変な活気を呈する事になり大きな景気対策になると思います。エネルギーに限らずあらゆるもの、たとえば電気製品、薬品、住宅など民間企業ではお金がかかりすぎて出来ないこと、また今の状況では民間企業も生き延びる事に精一杯で不確定なものの研究など余裕がないであろう事を思えば、国が直接研究し実用化のめどができたら民間に下ろせば良いと思うのです。またこういった発明の特許権は国が持ち、国内業者には製造権を、外国には、使用権（一括ではなく国が長期的に収入を得る方法）を与えるようにすれば価値有る大変な発明は国家に莫大な利益をもたらすと思います。資本主義社会では本来民間にまかせるべきことかもしれませんが、国家財政が危機的状況にあり国民が重税に苦しんでいる状態ではこのような方策を考えてみるべきではないでしょうか。仮に一企業が大変な発明をしたとしてもその企業が儲かるだけで国家や国民にはそれほど利益にはならないと思います。国家自体の財政が豊かにならなければ国民も豊かになれないのではないでしょうか。

○マスコミの報道

マスコミの報道が政治や世論に大きく影響することは論を俟たないことですが、記事を書く人の思想や考え方に大きく左右されているように思います。記事を書く人の主観がある程度反映される事はやむを得ない事かも知れませんが自分の意見や考え方が、１００％正しいのかという事を常に自問しながら、極力中立を守って書いて欲しいものです。昭和初期の軍部の暴走を黙認し、やたら国民を煽りたてて悲惨な戦争を引き起こすことに一役かったマスコミの責任は大きいのではないでしょうか。自由だ人権だ平和だをたてに、ごく少数の意見あるいは記者個人の意見を、さも大多数の意見のように書き立てるのは如何なものかと思います。政治家に対するぶしつけなインタビューで「多くの国民から批判が出ていますがどのようにお考えでしょうか」などとマイクを差し出す報道関係者をよく見ますが、その記者個人の考えを国民の名を借りられては迷惑に思う事があります。追っかけ報道者のぶしつけな質問は相手に気の毒で目を覆いたくなるような時があり、その記者の人間性を疑ってしまいます。もう少し考えて欲しいものです。自分で判断することの出来ない人にとってはそれが正しいことだと思ってしまいます。また多くの人は反論があってもそれを表現する場がありません。マスコミの一方的表現となり、さもそれが一般人の大多数の意見のようにみえてしまいます。それは政治家や法律家の判断を狂わせることにもなりかねません。ジャーナリストの方々の良識と自省を促したいと思います。

○最近の情報化社会について思うこと

この数十年パソコンやインターネット、携帯電話など情報化社会の発達は目覚ましいものがあります。昭和十八年生まれの私にとっては世の中に遅れまいと思いながら努力しておりますがついてゆくのが大変です。

ただどうしても言わせてもらいたい事があります。それはパソコンや携帯電話などの電子機器に使用されている用語がほとんどカタカナの外来語あるいはアルファベットの略字になっていて、ボタンひとつ押すにもあるいはクリックするにも意味不明の事があって苦労しています。たとえば、カスタム、フッター、ファイルコマンダー、ルーラーなどの用語です。日本語では表現出来ないものも有りましょうが表現できるものは、なるべく日本語で表現してもらいたいものです。年配の人にとってはただでさえとっつきにくいことなのにこういう外来語のカタカナやアルファベットの略字でくじけてしまいます。こういう機器を設計する人は頭の良い人かも知れませんが庶民あるいは高齢者レベルで考えて欲しいものです。

おわりに

お願いです。すぐやる内閣を作ってください。

1　国会議員になるにも資格試験を実施。
2　慰安婦問題、南京大虐殺問題、ロシアによる捕虜強制労働致死問題の検証委員会の設置。
3　麻薬密売犯、オレオレ詐欺犯などへの刑法の大幅改正（犯罪の厳罰化）。
4　監視カメラの全国的大幅設置増（個人への設置補助金の検討など）。
5　尖閣諸島について。
6　発明省なるものの設置。

いろいろな社会問題がたくさんあるのに改善が遅々として進まないのはなぜでしょ

うか。

これは政治家の怠慢としか思えません。どうして「すぐやる内閣」を作ってどんどん改革していかないのでしょうか。なにかひとつ決めようとすれば必ず反対勢力が出てきて思うようにいかないこともあるでしょう。自由だ、人権だ、平等だ、平和だ、プライバシーだなどと声高らかに叫ぶ人達がいますが、政治家は多数の国民のためには自分の信ずることを貫き通す強いリーダーシップを持つことが大切だと思います。今の政治家にはたしてそのような人が何人いるのでしょうか。

日本の将来のために歴史に残るようなすばらしい政治家が現れることを切望します。

最後に私の勉強不足と認識不足で的外れのことを書いてしまったことが多々有ったかもしれません。平にお許しください。

佐久川　海（さくがわ　かい）

1943年沖縄県生まれ。満1歳の時本土へ疎開。駒澤大学商経学部卒業。鹿児島県の寝具・衛材メーカーを経て建設会社入社。同専務取締役を最後に退任。

人間は大きく分けて36種類ある？

2021年1月2日　初版第1刷発行

著　者　佐久川　海
発行者　中田典昭
発行所　東京図書出版
発行発売　株式会社 リフレ出版
〒113-0021　東京都文京区本駒込 3-10-4
電話 (03)3823-9171　FAX 0120-41-8080
印　刷　株式会社 ブレイン

ISBN978-4-86641-373-0 C0095
Printed in Japan 2021